「発問」のデザイン

子どもの主体性を育む発想と技術

宗實直樹 著

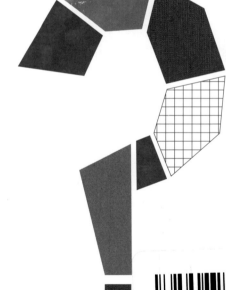

明治図書

は じ め に

　発問は，単に知識を伝え思考を促すだけでなく，子どもの好奇心を喚起し，問題発見から問題解決に至る主体的な学習を促します。本書は，子どもの主体性を育むための発問の考え方と技術に焦点をあてて著しました。発問が果たす役割を様々な角度から追究し，教室内の対話を豊かにするための理論と方法について論じます。

　以下，各章の概要を紹介します。

　第1章では，発問の歴史を概観します。古代から現代に至るまでの発問法の変遷，日本の教育における発問の源流，明治以降の教育制度の変化，大正自由教育期の児童中心主義，戦後日本の教育改革，そしてこれからの発問について論じます。

　第2章では，主体的な学びを引き出す「よい発問」の条件について考察します。「問い」と「発問」の定義からはじめ，よい発問とわるい発問の違い，よい発問が生まれる環境の構築方法について論じます。

　第3章では，発問の分類と組織化の方法について詳述します。発問をどのように分類し，教育的な目標を達成するためにどのように組織化するか，論理的，科学的，心理的な側面からアプローチします。発問の分類方法や組織化の重要性に焦点を当て，効果的な発問のための方法を紹介します。

　第4章では，発問づくりの基礎と基本に焦点をあてます。発問づくりのプロセスを5つのステップに分けて示し，発問する際に留意すべき技術について説明します。

　第5章では，見方・考え方を活かす発問の作り方を解説します。社会的な見方・考え方から，教科特有の考え方，子どもの知識発展を促進する発問まで，幅広く掘り下げます。具体的な発問方法について，比較や総合，関連づけなどの方法を紹介します。

　第6章では，子どもの思考とあり方をゆり動かす発問観を紹介します。「ゆさぶり発問」の考え方や，授業をオープンエンドで終える方法など，学

2

習者の思考を刺激する技術を探ります。

第7章では，子どもの視点を尊重し，子どもの捉え方や子どもの側から生じる問いを活かした授業の展開方法を提案します。

第8章では，学習者主体の授業における教師のあり方や支援的な発問，子ども自身の内なる「問題」をどう育てるかについて提案します。学習者主体の授業を実現するための教師の態度や言葉の使い方，子どもの言葉の受け止め方・拡げ方について解説します。

本書を通じて，発問の位置付けについても深く掘り下げたいと考えました。教師の側からの発問，子どもの側からの発問，そして子どもと共につくる発問という3つの視点から発問の重要性と効果的な方法を論じます。問いは教師の側にあるのか，子どもの側にあるのか，それともその間に存在するのか。そして，その問いがどのようにして子ども自身のものとなり，共有され，追究するべき問題として認識されるかを探ります。子どもそれぞれの問いが学級全体の追究問題として受け入れられるように，学級の中で問いが醸成されるためにも教師の発問が重要な役割を果たします。

発問の「発想」と「技術」には，子どもを幸せにしたいという深い「願い」や「想い」が込められており，豊かな発想と確かな技術があるからこそ，子どもの心に届くものとなります。発想と技術は，新たなものを創造する「力」であり，人を大切にする「心」です。

本書が，発問を通じて子どもの内なる思考やこの子「らしさ」を育み，授業が主体的・対話的で，より深い学びになるための一助となれば幸いです。

2024年7月　宗實直樹

はじめに 2

第1章　発問研究の歴史

発問の歴史を概観する

1	古代の発問法	12
2	日本の発問の源流	12
3	明治の近代学校制度	13
4	新教育の影響	14
5	大正自由教育期の児童中心主義	16
6	戦後の日本教育	18
7	これからの発問	21

第2章　主体的な学びを引き出す「よい発問」の条件とは

① 「問い」と「発問」とは何か

1	「問い」の定義	24
2	「発問」とその機能	25
(1)	子どもの思考に働きかける教師の問いかけ	25
(2)	子どもたちの分化	26
(3)	問い方を教える	27
(4)	受動的発動	31

② 「よい発問」とは何か

◆ 「よい発問」と「わるい発問」 35

(1) よい発問とは 35

(2) よい発問の条件 36

(3) わるい発問とは 39

③ 「よい発問」が生まれやすくなる環境

1 問うことを歓迎する 41

2 聞き手の質問を豊かにする 43

3 「感度」を高める 43

4 環境を開放する 44

5 知的好奇心を引き出す 46

6 発問が毒になることもある 48

第3章 発問の分類と組織化

① どのように分類するのか

◆ 「発問」の分類 50

(1) 指導言 50

(2) 発問の類型化 55

(3) 評価言 58

② どのように組織化するのか

1 発問の組織化 61

2 論理的な組織化 63

(1) 「目標達成」から考える発問 63

(2) 授業構成レベルで考える 65

目次 5

3	科学的な組織化	70
(1)	教科の論理に即した発問	70
(2)	段階的に発問する	72
4	心理的な組織化	77
(1)	ゆさぶり発問	78
(2)	「知覚語」で問う	80
(3)	感覚に働きかける	80

第4章 「発問」づくりの基礎基本

① 先人に学ぶ発問論―『教育学講義速記録』より―

1	項目の説明	84
(1)	問答の種類	84
(2)	問答の形	85
(3)	良発問に必要な条件	86
(4)	発問の心得	87
(5)	答えについて	88
(6)	教師の態度	88
2	谷本の発問作成	89
(1)	教育的目的の明確化	89
(2)	子どもの理解度とニーズの評価	90
(3)	論理的な構成と進行	90
(4)	子どもの参加と思考の促進	90
(5)	反省と調整	90

② 発問づくりの基礎・基本とは

| **1** | 基礎・基本とは | 91 |

| **2** 発問づくりの基礎・基本 | 93 |
| **3** 発問づくりの5つのステップ | 93 |

第5章　見方・考え方を働かせる発問のつくり方

① 見方・考え方とは

1 見方・考え方を働かせる	108
⑴ 社会的な見方・考え方	108
⑵ 見方・考え方を「働かせる」とは	110
2 見方・考え方の成長	115

② 見方・考え方を働かせる発問

1 教科共通の考え方	117
⑴ 比較する発問	117
⑵ 総合する発問	118
⑶ 関連づける発問	119
⑷ つなぎ言葉	120
2 教科特有の考え方	122
⑴ 選択・判断する発問	123
⑵ 多角的に考察する発問	124

③ 子どもの知識を発展させる発問

1 「見方・考え方」と知識	129
2 「スキーマ」の利点	129
3 スキーマを発展させる発問	131
4 「見方・考え方」とスキーマの発展	136

第6章 子どもの思考とあり方をゆり動かす発問観

1 「ゆさぶり発問」の考え方

1 ゆさぶりは「観」の問題 ································· 139

2 「子どもの論理」から考える ··················· 140

3 互いにゆさぶり合う ····························· 142

2 ゆさぶり，オープンエンドで終える

1 既知から未知を引き出す ······················· 144

2 よさや価値を引き出す ························· 145

(1) 不安定な状態にする ······················· 145

(2) あるものがない状態を考える ··············· 147

3 「間」を活かす ······························· 149

第7章 子どもの側からの問い

1 子どもの見取りをどうするか

1 記録から ····························· 154

2 「この子」の発言を活かす ··················· 155

3 単元構想の捉え直し ························· 156

4 つながる学び ······························· 157

2 「この子」の見取りをどう活かすか

1 「この子」を捉えて活かす ··················· 158

2 教材研究からつくる問い ····················· 159

3 子ども研究からつくる問い ··················· 160

4 「この子」の見取りから考える ··············· 161

5 子どもからの「問い」を見極める ──────── 162

③ 子どもの発言の段階から考える

1 よい授業の条件 ──────────────── 164

2 子どもの発言の五段階 ────────────── 164

3 子どもの側から組み立てる ──────────── 166

第8章 学習者主体の授業を考える

① 子どもを支え，受ける教師の態度

1 「支援」を考える ─────────────── 170

2 支援的発問 ──────────────── 174

3 学習者主体の授業で使う教師の言葉 ──────── 176

4 子どもの言葉の受け止め方・拡げ方 ─────── 181

② 子どもの内なる「問題」を育てる

1 「問題」をもつのはだれか ──────────── 186

2 選びとった問い ─────────────── 187

3 子どもは「問う」存在 ───────────── 188

4 内から発動する問い ──────────── 190

おわりに　193

第1章

発問研究の歴史

発問の歴史を概観する

　2023年12月31日現在，グーグルスカラーにて「発問」と検索すると，約15,400件ヒットします。これだけ多くの研究がされ，注目度の高いワードとなっています。そもそも，発問とはいつから使われ，いつから研究されるようになったのか，まずはその起源を辿っていくことにします。

1　古代の問答法

　発問の歴史は，相手に自身の矛盾や知識の欠如を認識させ，真実を探究するソクラテスの問答法やアリストテレスの教えにその起源を見出すことができます。これら古代ギリシャの哲学者の手法は，時間を経て進化し，現代では教育的な文脈での手法として，今日の学校や職場の教育プログラムでも，その価値を継続して示しています。

2　日本の発問の源流

　日本における発問の源流は『礼記』にあります。『礼記』は漢代に編纂された四書五経の一つであり，漢学への入門書です。学習とは自学であり，問うのは学習者だというのが『礼記』の教授思想でした。この思想は，江戸時代の日本の教授思想にも生きていました。江戸時代では多くの学校（藩校や私塾）が登場しましたが，そこでは生徒が教師に不明の点を質問し，それに対して教師が教えるという形が基本でした。「弟子が問い師が答える」という形の問答形式で，教師が発問するのではなく生徒が質問するという形です。

3　明治の近代学校制度

　日本の教育界に「発問」という用語が登場してくるのは，明治20年代になってからでした。学制発布から順に見ていきましょう。

□ **開発主義教授法**

　1872（明治5）年の学制の発布により，日本の近代学校制度がはじまりました。その頃は，知識注入，技能修得の授業が普通でした。やがて，ペスタロッチの問答法による開発主義的教授法が取り入れられました。

　1878（明治11）年，アメリカに留学した高嶺秀夫はオスウィーゴー師範学校でペスタロッチ主義の教育方法を直接学んで帰国しました。高嶺は帰国後東京師範学校に勤務し，1881（明治14）年には校長となり，師範教育および初等教育の改善に功績を残しました。その後，ペスタロッチ主義の教育方法が「開発主義教授法」として日本に広まります。開発主義教授理論の代表作である，若林虎三郎，白井毅編（1883・明治16年）『改正教授術』では，「教授の主義」として，「活溌ハ児童ノ天性ナリ。動作ニ慣レシメヨ。手ヲ習練セシメヨ。」「五官ヨリ始メヨ。児童ノ発見シ得ル所ノモノハ決シテ之ヲ説明スベカラズ。」など九つの教授原理が掲げられています。ちなみに，「発問」は「疑問」という名で述べられ，「疑問ノ心得」として，明白・簡約・論理的であること，主題に的中し生徒の力に適していることなどが挙げられていました。

□ **ヘルバルト主義**

　日本の教授学は，明治20年代後半，開発主義からヘルバルト主義へと転換していきます。しかし，予備，提示，比較，総括，応用といった五段階教授は，発問，問答の形式主義を克服することにつながっていきませんでした。

　谷本富は，ヘルバルト教育学の普及に最大の役割を果たした人物です。

第1章　発問研究の歴史　13

1894（明治27）年に『実用教育学及教授法』を著し，「発問の心得」にも触れますが，これは『改正教授術』の踏襲で，一問一答の授業展開の中，発問の形式主義を引き継いでいるという点では目新しさはありませんでした。

□ **発問法に関する研究**

日本の本格的な発問研究として登場したのが槇山栄次の論文「発問法に関する研究」（1898・明治31年）でした。この論文は，雑誌『教育実験界』に4回にわたって連載したものです。槇山は，一貫して教師の指導性を強調しますが，その指導性はあくまで子どもの自己活動としての学習を促し組織するものと捉えていました。ここで述べられる「発問」や「発問法」は，「問答」「問答法」の言い換えではなく，発問の形式化に対する批判とそこに新しい質を加えようとする意識が反映されていました。

槇山の「発問法に関する研究」と並んで，発問を教授と学習を統一する媒介としてとらえる本格的な発問論として登場したのが，1899（明治32）年に育成会により編纂された『発問法』です。『発問法』は，教師が教えたいものをいかにして子どもの学びたいものに変えるか，という観点から発問を把握しようとしました。

明治20年代後半から30年代前半の時期は，子ども達にいかに答えさせるかということの方がより重要だという考えが生じました。答えの処理法への着目は，発問に答えさせることで子どもの思考活動を保障しようとする動きのあらわれと考えることができます。

4 新教育の影響

明治30年代は，授業の実践や理論においても，20年代とはくらべものにならないほど活発な議論が展開されました。明治以来の硬直化した教授を批判したのが，新教育の系譜でした。[1]

□ 学習者主体へ

たとえば樋口勘次郎（1899・明治32年）『統合主義新教授法』です。発問についてまとまった言及はありませんが，子どもの学習を重視する活動主義を主張しました。「発達は活動の結果にして，発達の分量は活動の分量に比例するものなれば，教授が生徒を活動せしめざるべからざるは論なし」という樋口の発達観は，授業や発問の形式主義を克服して子どもを学習の主体にしていく基本原理でした。

東京高師附属小学校の加藤末吉は，「児童を中心とした教授法」の確立を目指そうとしました。『教壇上の教師』『教室内の児童』（1908・明治41年）に授業を教授と学習の緊張関係として捉える典型例が示されています。徹底的に教えることが徹底的に学ぶことを喚起するという考えや教師の教えたいものを子どもの学びたいものに変えていく必要があるという考えでした。

□ 分団式教育による自立

画一化した学級教授を大きく批判したのが，『分団式動的教育法』（1912・大正元年）で有名な及川平治でした。及川は次のように述べています。

> 教師が教えたから児童の知能が発展するのではなくて，児童が学んだから知能が進歩するのである。ゆえに真に教えるとは真に学ばせる事である。

及川は，学級の授業に分団（可動分団式）をとり入れた分団式教育を実践します。及川（1910）は，分団式教授を次のように説明しています。

> 分団式教授（グループ，システム）は学級教授の利益を保存しその不

1　「新教育」とは，旧来の教師中心の画一的，注入主義的教育を批判し，子どもの生活，活動，興味を中心にした教育課程，教育方法を試みるというもの。19世紀末から20世紀初頭にかけて欧米先進諸国を中心に世界的に広がった。

利益を除去せんがために個別教授を加味せるものにして実に全級的個別的教授の別名に外ならず

　分団にすることで，学習に遅れる子どもの救済や予防に重点を置きました。すべての子どもに「真に学ぶこと」を可能にする方法を考え，実践しました。子ども達に自問自答的な学習活動を保障し，子どもたちに自問自答できる学習能力を形成しようと考えました。発問は，子どもに自問する力を形成し，子どもを教師から自立させることが目的のようなものでした。

□ 発問観の転換

　発問の目的を自問自答できる学習能力の育成にあることを明確に打ち出したのが前述した槇山でした。槇山（1910）は『教授法の新研究』で発問法を「児童をして自ら活動せしむるように仕向けて行く所の大切な方便」と規定します。それは，発問の目的は自問することを教えることだとする発問観である「代理発問」観でした。教師は，子どもに問い方を教えるために発問するというものです。槇山は，明治末の時点で，このような「教えること」と「学ぶこと」の一体的に統一するべき現代的発問観に達していました。

5　大正自由教育期の児童中心主義

■児童中心主義

　大正時代の日本は，教育における自由主義の精神が息づいており，子どもの自発性や個性を尊重する動きが教育界において顕著でした。この児童中心主義の流れは，子ども自身の内面や興味を学習の出発点とし，彼らの能力や可能性を最大限に引き出すことを目指していました。

　この理念をもとにして教育を行なった学校として，奈良女子高等師範学校附属小学校，千葉県師範学校附属小学校，東京女子高等師範附属小学校，成城学園，成蹊学園，明星学園，玉川学園，自由学園などがあります。

□ 子どもが「問い」をもつ

　ここでは，奈良女子高等師範学校附属小学校の木下竹次の取り組みを例に挙げます。木下は，「独自学習」と「相互学習」の組み合わせを通じて，児童が自らの学習過程を主導する方法を提唱しました。ここでの「独自学習」では，児童が自分自身で「問い」を見つけることが重視され，その結果生まれた疑問や興味が「相互学習」の段階へとつながります。

　「相互学習」において，児童は自分のもつ疑問を他の児童に提示し，解決策を求めたり，自分の意見を共有し批評を受けたりします。このプロセスは，児童がより多くを知りたいという欲求や，積極的に議論に参加したいという動機を生み出し，学習への参加意欲を高めます。この教育方法では，教師からの一方的な発問よりも，児童自身から生じる「問い」に基づいて学習が進行しました。

　教師の役割は，知識の単なる伝授者から，児童が自らの問題を見つけ，解決策を探究するサポーターへと進化しました。この変化は，「問い」が児童の内面から生じる疑問に基づいた教育活動を促進する重要なツールとして，その価値を示しています。

□ **子どもの主体性の尊重**

　木下のアプローチは，児童一人ひとりが自分の学習に責任をもち，自らの疑問を深める機会を提供することに重点を置いています。この方法は，児童の自立性と自発性を育むと同時に，協調性や批判的思考力の発展にも寄与しました。大正自由教育期におけるこのような実践は，後の教育改革において重要な基盤となり，現代教育における児童中心の学習アプローチの発展に大きく貢献しています。児童一人ひとりの主体性を尊重し，その発展を促す現代の教育における発問の価値を確立し，さらに強化していきました。

　しかし，日本が軍国主義へと傾いた時代には，天皇と国家への忠誠を教育の最優先事項とする方針が採られ，教育界は戦争の影響を強く受けるようになりました。この時代，自由教育の理念は，政府による厳しい制限や戦時下

の状況の中で，その発展が阻まれることとなりました。

6 戦後の日本教育

□ 新教育の流行と衰退

　1945年9月，第二次世界大戦が終わった直後に，文部省は「新日本建設の教育方針」を発表しました。これは，民主的で文化的な国家の構築に必要とされる教育の基本的な指針を示したものであり，戦後の教育改革のスタート地点とされました。

　戦後の日本では，アメリカの教育思想の影響を受けて，「新教育」が再び流行を見せ始めました。この時代に新たに導入された社会科教育は，子どもが自ら問題を解決する学習方法に重点を置き，多様な教育活動が展開されました。さらに，コア・カリキュラムや生活カリキュラムを中心とした教育プログラムがいくつかの学校で実施され，「個性」を重視する教育方針が採用されました。

　しかし，この教育改革の勢いは，1957年の「スプートニク・ショック」をきっかけに衰え始めました。ソ連による世界初の人工衛星打ち上げによって，アメリカでは危機感が高まり，「新教育」への批判が強まりました。この批判は，学力低下への懸念と，先進的な知識を詰め込む重要性への傾向を強めることに繋がりました。1960年代には，教育の「現代化運動」と称される動きが生まれ，教師中心で一方的な教育や画一的な大規模なクラスでの教育が主流になりました。

□ 社会科における「問題」

　社会科教育において「問題」が問題にされたのは1947年社会科発足当初からでした。日常で出会う具体的な問題を取り上げ，その問題を解決していこうとする学習でした。子どもの切実な問題に目が向けられ，その問題解決に向けて教師と子どもが共同的に学習を組織していく学習原理が定着したので

す。しかし，文部省指導要領の「問題」は現実の課題から断絶していると批判を受けます。1940年代の後半，民主主義教育協会の石橋勝治，今井誉次郎は，日本の現実課題を教育課程の中に位置づけていく必要性を主張しました。

　1950年代初頭，コア・カリキュラム連盟において，生活実践コース・生活拡張コース・基礎コースの3層と表現・社会・経済（自然）・健康の4領域からなる「三層四領域」論が提起されました。日本社会の基本問題に向かう問題解決学習を実践の方針とするに至りました。

　授業構成の基盤となった問題解決学習の「問題」は「子どもの問題」か「社会の問題」かという2つに分かれていきました。「問題」とは何か，「どんな問題が大事か」ということは追究されましたが，どのような「問題」を生み出していくかという教師の働きかけにはなかなか目を向けられない現実がありました。

　「子どもの問題」と「社会の問題」を関連づける理論の必要性は日比裕（1968）等によって指摘はされていました。しかし，具体的に試みられるようになったのは，1980年代になろうとするときでした。例えば，二杉孝司（1980）は，吉田定俊の「水害と市政」，永田時雄の「西陣織」の実践を分析し，谷川彰英（1979）は，清田健夫の「三保ダム」の実践を分析しました。これらの分析を経て，子どもの問題の成立において教師の指導性の必要を主張しました。「子どもの問題」と「社会の問題」を分け，その関連構造を明らかにしようとしてはじめて，教師の発問を含めた教授行為について論理的に追究できるようになります。

□ 発問研究の進歩

　1970年代以降，日本の教育界では発問に関する研究が活発化し，特にその類型，方法論，構造に注目が集まりました。この時期の教授学の発展は発問論に大きく貢献し，発問の分類や作成方法，基本原理の点で重要な成果を生み出しました。

　宮坂義彦（1970）は，『教授学研究』の中で斎藤喜博の島小の実践を分析

しながら「質問」と「発問」を区別しました。「質問」と「発問」を区別する必要性は吉本均等にも主張されるようになりました。そして，吉本均（1974）は，『訓育的教授の理論』の中で，限定発問（しぼる問いかけ），「否定発問」（ゆさぶる問いかけ），関連的発問（広げる問いかけ）の３つの類型をあげました。このような，機械的でなく機能に基づく類型化は，その後，80年代に入ってからの現場からの発問の理論化に大きな影響を与えました。

□ 発問の定石化と理論化

　1980年代に入ると，向山洋一の「教育技術法則化運動」が教育界で注目され，発問と指示が特に重要視されました。どのような発問をすれば子どもが動くのか，よい発問をつくるにはどうすればいいのか等が議論の中心となりました。そこから発問の定石化や理論化が進んでいきました。大森修（1985）『国語科発問の定石化』や根本正雄（1987）『体育科発問の定石化』などが発刊されました。社会科では，有田和正（1988）の『社会科発問の定石化』や西尾一（1989）の『社会科発問づくりの上達法』などが有名です。また，二杉孝司（1987）は『社会科教育No.297』（1987）の中で，「「子どもの考えるべき内容を示す機能」としてとらえたものが発問であり，「子どもが考え形態を示す機能」としてとらえたものが指示である。」とし，指示と発問を指導言の二つの機能として捉えています。大西忠治（1988）は発問だけでなく，説明，助言，指示の重要性を強調しました。この時期に，授業実践にもとづく理論化が活発に行われるようになりました。

　また，落合幸子は1986年に『発展発問の効果に関する教育心理学的研究』を発表し，これは発問に関する日本初の学位論文となりました。落合は，実践に役立つ心理学研究を目指し，「効果的な発問とはどのような特質を持つのか」という問いに直面しました。

□ 学習方法の研究

　1990年代の日本の教育界では生活科の導入が始まり，2000年代に入ると総

合的な学習の時間が設けられるようになりました。この時期は「指導よりも支援」を重視する教育方針が強く唱えられ，子どもの学習方法に対する理解を深める研究が進んだ時代でした。この背景の中で，発問に関する研究がただ単に行われることは，伝統的な一斉授業スタイルの維持につながるとの懸念が生じました。このような状況では，教師の役割は子どもの自発的な学びを促進する方向へと変化し，発問の使用もその目的に合わせて適応される必要があるとされました。

7 これからの発問

　現代の教育界では，GIGA スクール構想の進展により ICT の活用が増加し，子どもたちの学習活動はより多様化しています。この変化に伴い，子ども自身がもつ「問い」を尊重し，それを効果的に引き出すための教師からの働きかけがより重要視されます。子どもたちの自発的な思考や疑問を奨励し，彼らの学びの過程を支援することが，質の高い教育の提供に不可欠であると考えられています。

　この文脈で，教師の発問はただの情報伝達手段にとどまらず，子どもの内面的な疑問や探究心を刺激する重要なツールとして機能します。教師が効果的な発問を行うことによって，子どもが自らの思考を深め，学習内容により深く関わることが可能になります。また，多様な学習活動を取り入れた授業設計においても，発問は子どもの参加を促し，学習過程における自主性を高める役割を果たします。

　ICT の進展により教育方法が変化している現在でも，教師の発問への関心が低下することはありません。むしろ，子どもが自らの「問い」をもつことを奨励し，それを効果的に引き出すためには，教師が確かな発問技術を身につけていることが求められます。

　また，子どもと共に「問い」を生み出し，共に育み，共におもしろがり，共に解決していこうとする教師の構えも必要です。「問い」はどちらかがも

第1章　発問研究の歴史　21

つものだけでなく，共に過ごす中にある問題意識から立ち現れ，共有されていくものでもあります。その解決に向けて協働的に学んでいくべきであり，そこにみんなで学ぶ意味があるのではないでしょうか。

　このように，教師の発問や「問い」に関する教師のマインドは，子どもの学習を豊かにするための重要な要素として，今後も教育界で重要な役割を担い続けるでしょう。

〈参考文献〉

若林虎三郎，白井毅編（1883）『改正教授術』普及舎

谷本富（1894）『実用教育学及教授法』六盟館

槇山栄次（1898）「発問法に関する研究」『教育実験界』2巻3号

育成会編（1899）『發問法』同文館

樋口勘次郎（1982）『統合主義新教授法（教育名著叢書〈6〉）』日本図書センター

加藤末吉（1908）『教壇上の教師』良明堂書店

加藤末吉（1908）『教室内の児童』良明堂書店

及川平治（1912）『分団式動的教育法』弘学館書店

槇山栄次（1910）『教授法の新研究』目黒書店

篠原助市（1933）「『問』の本質と教育的意義」『教育学研究』2巻6号

篠原助市（1940）『増訂　教育辞典』寶文館

豊田久亀（1988）『明治期発問論の研究―授業成立の原点を探る―』ミネルヴァ書房

稲垣忠彦（1966）『明治教授理論史研究―公教育教授定型の形成―』評論社

谷本富（1973）『新教育講義　教育の名著2』玉川大学出版部

豊田ひさき（2007）『集団思考の授業づくりと発問力　理論編』明治図書

末吉悌次（1983）『集団学習の研究』教育出版センター

石橋勝治（1947）『社會科指導の實際』明かるい學校社

今井誉次郎（1950）『農村社会科カリキュラムの実践』牧書店

日比裕（1968）「日生連による『日本社会の基本問題』の定式化」『考える子どもNo.60』

二杉孝司（1980）「問題解決学習と系統学習」『教科理論の探究』

谷川彰英（1979）『社会科理論の批判と創造』明治図書

大森修（1985）『国語科発問の定石化』明治図書

根本正雄（1987）『体育科発問の定石化』明治図書

有田和正（1988）『社会科発問の定石化』明治図書

西尾一（1989）『社会科発問づくりの上達法』明治図書

二杉孝司（1987）「発問の分析も大切である」『社会科教育No.297』明治図書

大西忠治（1988）『発問上達法―授業つくり上達法PART2―』民衆社

落合幸子（1986）『発展発問の効果に関する教育心理学的研究』風間書房

第2章

主体的な学びを引き出す
「よい発問」の条件とは

1 「問い」と「発問」とは何か

1 「問い」の定義

「問い」とは辞書的には「①問うこと。尋ねること。質問。②問題。設問。」[1]と記されています。

また、安斎勇樹・塩瀬隆之（2020）[2]は『問いのデザイン』の中で「問い」と「質問」と「発問」の違いを次のような表1のように整理し、「問い」を「人々が創造的対話を通して認識と関係性を編み直すための媒体」と定義しています。

表1　質問と発問との比較整理（安斎・塩瀬2020）

	問う側	問われる側	機能
質問	答えを知らない	答えを知っている	情報を引き出すトリガー
発問	答えを知っている	答えを知らない	考えさせるためのトリガー
問い	答えを知らない	答えを知らない	創造的対話を促すトリガー

社会科の学習指導要領解説の中には次のように記されています。

> 問いとは、調べたり考えたりする事項を示唆し学習の方向を導くものであり、単元などの学習の問題はもとより、児童の疑問や教師の発問などを幅広く含むものであると考えられる。（学習指導要領解説[3]p19）

1　松村明編（2019）『大辞林　第四版』三省堂，p.1906
2　安斎勇樹・塩瀬隆之（2020）『問いのデザイン　創造的対話のファシリテーション』学芸出版社
3　文部科学省（2018）『小学校学習指導要領（平成29年告示）解説　社会編』日本文教出版

- 単元などの学習の問題
- 児童の疑問
- 教師の発問

など，幅広いものとして捉えられています。

　安斎らが示す通り，「問い」を問う側も問われる側も「答えを知らない」ものとして，創造的対話を促すトリガーの機能として捉えているところが興味深いです。自分も相手も答えを知らないので，共に考え，共に新しい発見をしていくという感じでしょうか。学習者主体の考えで言えば，安斎らの提案する「問い」の捉えがより重要になると考えられますが，本書では「問い」を「子どもから出てくる素朴な疑問や気づき」という程度で定義することにします。

　「発問」と「質問」との機能の違いは明確に分けられるものの，「問い」と「発問」「質問」に関しては，その線引きが難しいところもあります。「問い」の中に「発問」や「質問」が含まれたり，「問い」と「発問」を同義として考えたりすることもできます。本書では，「問い」をより広義なものとして捉え，狭義に扱う際は「発問」「質問」という言葉を使うことにします。

2　「発問」とその機能

⑴　子どもの思考に働きかける教師の問いかけ

　発問は，教師と子どものコミュニケーションにあたって教師の側から発せられる問いかけであり，教師の教育活動の中核をなす重要な技術です。発問は，「問い」をより具体的に明確に意図的にしたものと考えます。教師の授業への構えは様々な場面に表れますが，特に発問の仕方に端的に表れます。

　吉本均（1986）は，

> 質問が知らないものが問うのに対し，発問はすでに知っているもの

（教師）が知らないもの（子ども）に発する問いを意味する。だから，質問では正しい答が聞かれればそれでよいのに対し，発問では正しい答や結果がでるかでないかではなくて，答を生みだすために，どれだけ意味のある思考活動や表現活動がなされたかがむしろ決定的に重要になるのである。[4]

と述べます。情報を引き出したり子どもの学習内容の確認や定着を促したりする質問とは違い，発問は子どもの思考に働きかける教師の問いかけであると捉えることができます。

(2)　子どもたちの分化

また，吉本（1979）は，次のように述べます。

　『よい発問』とは，学習集団の内部に対立＝分化をひきおこすものでなくてはならないのである。[5]

一問一答のように，確認するための発問にするのではなく，さまざまな解釈がとられるような集団思考をするための発問にするべきだということです。子ども達からさまざまな解釈が出され，解釈の違いによって複数の立場に分化されます。その分化された意見や考えについて話し合い，練り上げることで，より豊かなより普遍的な解釈や理解がつくり出されます。たとえば，「いつ」「どこ」「だれ」と問うよりも，「どのように」「なぜ」と問う方が，多様な子どもたちの意見が引き出され，分化されていくでしょう。閉じられた発問よりも開かれた発問を意識したいものです。

4　吉本均（1986）『授業をつくる教授学キーワード』明治図書，p.174
5　吉本均（1979）『学級で教えるということ』明治図書，p.72

(3) 問い方を教える

　発問は子どもの思考に働きかける教師の問いかけだけでなく，教科の目標を達成するために構成されます。つまり，子どもが思考し，目標が達成される授業にするためには，発問は欠かせません。

　教師は，子どもの思考活動を促すためにあれかこれかと考え発問しますが，子どもの思考を混乱させたり思考を縛ったりしてしまうこともあります。また，子どもが「問われるもの」だと感じ，受け身の授業になってしまうこともあります。子ども達が，与えられるものをただひたすら待っているという状況です。

　木下竹二（1972）[6] は，

> 　元来疑問は教師が提出するのは主でなくて学習者が提出することを主とせねばならぬ。

> 　教師の発問は主として学習者の優秀なる疑問を誘発するために使用したい。

> 　学習はけっきょく自問自答のところまでいかねばならぬ。

と述べます。

　また，佐伯胖（2003）[7] は，

6　木下竹二（1926）『学習原論』目黒書店
7　佐伯胖（2003）『「学び」を問いつづけて』小学館

> 　教育界での通念がどうであれ，やはり本来は，問いを発するのは学ぶ側であり，学ぶということがすなわち問い方を学び，問い続けることだと言っておきたい。したがって，わが国の授業では，もっと積極的に，子供たち自身の側からの発問を促す教師の働きかけがどのようなものかを研究しなければならないと思うのである。

と述べます。

　同じようなことは，時代を遡っていけば明治期末にも説かれています。例えば，槙山栄次（1910）[8]は，

> 　児童が自ら問うて自ら解決せんとするやうに仕向けて行くのでなければ発問の目的を達することが出来ませぬ。

> 　児童をして自ら活動せしむるように仕向けて行く所の大切な方便

と述べます。

　篠原助市（1933）[9]は，

> 教師の問は教師の問でありながら，同時に生徒の問である。

> 　教師の問は生徒の問への刺激であり生徒の問を誘発する為の問である。一言に生徒の問の為の問である。

8　槙山栄次（1910）『教授法の新研究』目黒書店
9　篠原助市（1933）「『問』の本質と教育的意義」『教育学研究』第二巻

> 自ら問い自ら答ふることの手引きとしての問である。

と述べます。

　つまり「発問」は，子どもの思考活動を促すだけでなく，子どもに問い方を教え，子どもが自ら問うことを学ばせることが重要だということです。槇山は明治末の時点で，今日にも通用するような発問観に達していました。

　しかし，子どもたちが「問い」をつくり出し，自問するのは簡単にできることではありません。豊田久亀（1988）[10]は，

> 　教師の発問は，彼らがまだ問う力をもっていないために，彼らの発問を代行する『代理発問』である。発問は子どもが自分で問えるようになることをめざす。

と述べます。まずは教師の発問からはじめ，徐々に子どもが自ら問えるようにしていくことが重要です。最終的には子どもが自問できるようになることをめざします。

　そのために必要なことは，次の2つです。

1　教師が問い方を明示的に示す
2　子どもが問いをつくる経験を積む

1　問い方を明示的に示す

　例えば，社会科であれば，図1のようなものを紙やデータで子どもたちに渡します。これは，社会的な見方・考え方を働かせる発問はどのようなものがあり，その発問でどのような知識を獲得できるのか示した図です。例えば，

10　豊田久亀（1988）『明治期発問論の研究─授業成立の原点を探る─』ミネルヴァ書房

「いつ？」「どこで？」だれが？」「何を？」「どのように？」と問えば，目に見える事実を捉えることができます。「なぜ？」「〜するべき？」と問えば，目には見えない意味や特色などを見出すことができます。

　今までこのような問いの分類は，教師側のものとして確認することが多くありました。しかし，子ども自らが問えるようにするには，子ども自身が確認し，自覚的に使えるようになる必要があります。

分類	見方（視点）			獲得できるもの
	場所	時間	関係	
知るための問い いつ？ どこで？ だれが？ 何を？ どのように？	どこで広がったのか どのように広がっているのか	何が変わったのか どのように変わってきたのか	だれが生産しているのか どのような工夫があるのか	目に見えるもの 事実
分かるための問い なぜ？ そもそも何？	なぜこの場所に広がっているのか	なぜ変わっているのか	なぜ協力することが必要なのか	目に見えないもの 意味 特色 想い 願い
判断するための問い どちらが〜？ 〜するべき？	さらにこの場所に広げるべきだろうか	どのように変わっていくべきなのだろうか	共に協力する上でAとBとどちらが必要だろうか	

図1　問いの分類表

澤井陽介・加藤寿朗編著（2017）『見方・考え方　社会科編』東洋館出版社を参考に筆者作成

2　問いをつくる経験を積む

　子どもたちは，「問い」をつくることに対して慣れていません。そこで，図2のように，授業で残った「問い」を言語化して蓄積していきます。

　子どもの「問い」は子どもたちから出てくる素朴な疑問ですが，その素朴な疑問が言語化されずに消えてしまうことが少なくありません。思いついた「問い」の明示化を継続することで，自分の「問い」にはどのようなものが

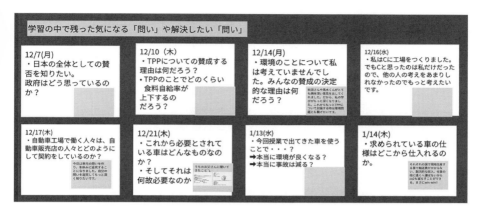

あるのかが自覚的になれます。　　　図2　気になる問いや解決したい「問い」

　また，子どもたちの「問い」は，日頃から発せられる教師の「問い」の質に大きく左右されます。ですから，教師はどのような発問があるのか，発問がどのような機能を果たすのか等を研究し，授業の中で意図的に使用できるようにすることが重要です。

(4) 受動的発動

教育的教授

受動的発動

単に教授のみでなく、一切の教育は受動であると同時に発動である。

「かのように」といふ場面に存するこの矛盾的性格、與へながら創造せしめ、傳達でありながら獲得であるといふ矛盾的性格こそ教授の本質であり、この矛盾を私は「受動的発動」といふ言葉に表現したいと思ふ。

篠原助市（1953）『教授原論』多摩川学園大学出版部

図3　受動的発動

第2章　主体的な学びを引き出す「よい発問」の条件とは　31

篠原助市という教育学者が「受動的発動」という言葉を残し，「単に教授のみでなく，一切の教育は受動であると同時に発動である。」と述べます。個別最適な学びが注目されるようになって，受動よりも能動という言葉がよく聞かれるようになりました。

　この「受動的発動」という言葉を考えてみると，「与えると共に創造させ，伝達と共に獲得させる」という教授観であり，ただ教師が与えるだけではなく与えると同時に子ども自ら動き出すエネルギーになるようなものにならなければいけないという認識です。教師の発問で子どもに働きかけるのが受動的かというとそうでもありません。教師が子どもに問うことで，子どもの知的好奇心を刺激したり，子どもに問い方を獲得させたりすることだと考えます。つまり，教師の問いかけや発問がきっかけとなって，子どもが「～させられる」ではなくて，子どもが「～する」という姿を引き出すという考え方をもつことが重要です。

　私がよくいただく質問の一つに「子どもが自分達で追究する学習形態で，到達させたい目標に子ども達がたどりつくのか」というものがあります。「到達させたい目標」とは，おそらく社会科で言えば概念的知識やより抽象度の高い知識のことと考えられます。「知識」の捉えは様々な考えがあるので一概に論じることはできません。ただ，「知識」の統一は，自身の体験や経験のように直接的に獲得される（自分で働きかけていく）ものと，他者からの説明や問いかけのように間接的に獲得される（他人によって伝えられる）ものとのバランスで成り立っています。もちろん直接的に獲得される方が本質的であり持続的なものになるでしょう。しかし，間接的な方法で得られる知識はより広範囲に確実に得られることもあります。また，間接的な方法から直接的な獲得へのきっかけをより多く得られることもあります。

　東京高師附属小学校の加藤末吉は，「児童を中心とした教授法」の確立を目指そうとしました。『教壇上の教師』『教室内の児童』（いずれも1908）に授業を教授と学習の緊張関係として捉える典型例が示されています。徹底的

に教えることが徹底的に学ぶことを喚起するという考えや教師の教えたいものを子どもの学びたいものに変えていく必要があるという考えです。それは，次の箇所からも感じられます。

> よい教授とは如何なるものかといふに，吾人の信ずる處によれば，先づ児童の性情を考へ，児童の興味の向ふ所を察して，如何なる事が易く，如何なる事が難しきかを窺ひ，児童の自然の傾向に順応して，適当の方法を講ずるのである，しかして，これが適当なる方法とは，児童をして，其問に，自ら工夫せしめ，自ら助けて，自発的に独立自頼的に，着々前進せしむる方案を指すのである。かくて，自ら進み得ざる時には，十分の工夫をなさしめて後ち，僅少の暗示と，保護とを有効に与へ，児童をして，成程と強く感ぜしめ，しかも，そが活動は，自力の工夫になり，自立して難局に処置し得たりと感ぜしむるものでありたい。[11]

これを読むなり，先述の篠原の「受動的発動」が喚起されました。一斉授業での間接的な方法の特徴を踏まえて，個別学習で獲得される知識をより広くより深くよりカラフルにしていく工夫が必要なのではないでしょうか。

また，芦田恵之助（1916）も『読み方教授』の中で次のように述べます。

> 教授方法の研究は，結局，児童の学習態度の確立に帰し，発動的に学習する態度が定まれば，教授の能事はここに終われるものといってよい。ここに到達する方法としては，勿論教授材料も必要である。教授方法も工夫しなければならぬ。しかし，そのいずれよりも，教師の態度が発動的でなければならぬ。

「教授」という言葉の中に含まれる，子どもが発動的になるための教師の

---

11 加藤末吉（1908）『教壇上の教師』良明堂書店，pp.206-207

あり方や考え方におけるヒントは，すでに明治大正時代から与えられている
ようです。

〈参考文献〉
松村明 編（2019）『大辞林　第四版』三省堂
安斎勇樹・塩瀬隆之（2020）『問いのデザイン　創造的対話のファシリテーション』学芸出版社
文部科学省（2018）『小学校学習指導要領（平成29年告示）解説　社会編』日本文教出版
吉本均（1986）『授業をつくる教授学キーワード』明治図書
吉本均（1979）『学級で教えるということ』明治図書
木下竹二（1926）『学習原論』目黒書店
佐伯胖（2003）『「学び」を問いつづけて』小学館
横山栄次（1910）『教授法の新研究』目黒書店
篠原助市（1933）「『問』の本質と教育的意義」『教育学研究』第二巻
豊田久亀（1988）『明治期発問論の研究―授業成立の原点を探る―』ミネルヴァ書房
澤井陽介・加藤寿朗（2017）『見方・考え方　社会科編』東洋館出版社
篠原助市（1953）『教授原論』玉川学園大学出版部
吉本均（1979）『学級で教えるということ』明治図書
加藤末吉（1908）『教壇上の教師』良明堂書店
加藤末吉（1908）『教室内の児童』良明堂書店
芦田恵之助（1916）『読み方教授』育英書院

2 「よい発問」とは何か

◆ 「よい発問」と「わるい発問」

(1) よい発問とは

「よい発問」と「わるい発問」があるのでしょうか。過去の書籍の中に『よい発問　わるい発問』[1]というものがあります。同名の書籍として，国語科（1966），社会科（1967），算数科（1972）の順で発刊されています。

たとえば，社会科版の中で木原健太郎（1967）は，教科論・教材論をはなれ，コミュニケーションそのものの様式から考えることをことわった上で，よい発問の条件を次のように述べます。

> 1　相手に，自分の意思を明確に伝えうること。したがって，そのスタイルが簡潔であること。
> 2　発問は，それによって受け手の行動が何らかのかたちで変容されることを原則とする（促進・強化も，ここでは変容の中にくみこみたい。）。その限りで，発問は，受け手の意思決定に役立つよう配慮されていなければならない。[2]

1　木原健太郎他（1967）『社会科の授業研究1　よい発問わるい発問』明治図書
　青木幹勇他（1966）『国語科の授業研究1　よい発問わるい発問』明治図書
　飯田正宣他（1972）『双書算数科指導法研究1　よい発問わるい発問』明治図書
2　木原健太郎他（1967），前掲書，p.14

2に示されたように「変容」や「意思決定」を促す機能が重要視されていると考えられます。子どもによる「意思決定」が行われるという点では，31pの「受動的発動」の考え方と通じるものがあります。

よいわるいは，発問そのもの自体だけで考えるのではなく，「変容」や「意思決定」が行われる授業の中で，全体の構造のかかわりにおいて言及せざるをえないでしょう。

⑵　よい発問の条件

たとえば，次のような条件が考えられます。

明確	あいまいな言葉を使わない △「〜についてどう思うか？」
単純	一つの事柄だけにする △「この物語を要約して、登場人物の性格を比較するには？」
発展	価値判断、解釈、因果関係、説明 △「これは何ですか？」「これはだれですか？」
具体	抽象的な表現を避ける △「戦後日本の資料を読んで、どう感じましたか？」
的確	学習目標に合うものを △「定規は何でできていますか？」

平井昌夫・大槻一夫・土田茂範他（1961）『発問と助言』明治図書，pp.20-21を参考に宗實が作成

図1　よい発問の条件（例）

発問が明確であると，受け手は何に対して答えを出すべきかを正確に理解し，答えやすくなります。曖昧さが少ないため，発問の意図と答えの方向性が一致しやすくなります。単純な発問は，答える側が複数の要素を同時に考慮する必要がなくなるため，答えやすくなります。これにより，特定の概念や理解に集中することができます。発展的な発問は，子ども達が初歩的な答えから始めて，徐々に深い理解に至るための考えのプロセスを支援します。これは，思考力や批判的思考を育むのに有効です。具体的な発問は，実際の事例やデータに基づくため，理論的な概念を現実の状況に適用する能力を評

価したり，発展させたりするのに役立ちます。的確な発問は，子ども達が学習目標に向かって進むためのガイダンスを示します。教材やカリキュラムの目的に直接関連するため，より効率的な学習が可能になります。

子どもの実態や教材によって変わりますが，これらの原則を適用することで子ども達はより深い学びを経験し，教師は効果的な指導を行うことができるようになります。

また，青木幹勇（1966）は，よい発問の条件として次の3つを挙げます。

1　よい発問はすぐれた教材研究によって生みだされる
2　よい発問は指導の過程で発見されなければならない
3　よい発問はよい学習者によって支えられる[3]

青木のそれぞれ3つの条件を詳しく見ていくことにします。

1　よい発問はすぐれた教材研究によって生みだされる

発問について考えることは，図2の中では③の「どのように教えるか」の部分にあたります。

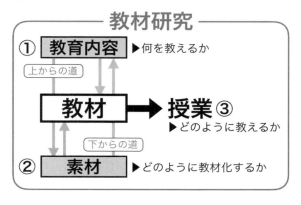

図2　教材研究とは

3　青木幹勇他（1966），前掲書，pp.7-20

第2章　主体的な学びを引き出す「よい発問」の条件とは　37

しかし，「どのように教えるか」は①の「何を教えるか」が明確でなければ焦点化されません。つまり，発問は，教科の目標に向かって直接的，もしくは間接的につながるものでなくてはなりません。

2　よい発問は指導の過程で発見されなければならない

　教科に応じた学習過程が考えられます。たとえば，導入場面での発問や展開場面での発問，終末場面での発問などです。それぞれの場面において使用される発問は変わってくるでしょう。しかし，発問はあらかじめ想定していたものを授業の中で扱えばよいというものでもありません。それは，教師の発する言葉や授業展開によって子どもの反応も変化に富むからです。生きている授業に即して発問をしていくことが重要です。授業に臨むにあたって，瞬時の判断や，着想によって発問を変化させたり，新しい発問をしたりできるように入念に準備しておくことが重要です。

　青木（1966）は，次の7点を要点として挙げています。[4]

---

①　第一に発問の数を，必要にして，最少にしぼる。
②　発問は明確にし，できるだけ一回で子どもに聞きとらせ，わからせるようにする。
③　発問は，その発問に対する応答の処理によって生きてくる。
④　発問はよいタイミングで出されなければならない。
⑤　よい発問は，バランスがとれていなければならない。
⑥　新鮮で，創意のある発問であることがのぞましい。
⑦　発問の意図が明確でなければならない。

4　青木幹勇・他（1966），前掲書，pp.10-16
5　青木幹勇・他（1966），前掲書，pp.7-20
6　青木幹勇・他（1966），前掲書，p.17

3 よい発問はよい学習者によって支えられる[5]

青木は，「発問を支えるよき学習者」として，次の5点を挙げます。[6]

- 発問をよく聞き，正確に理解する学習者を育てること。
- 発問に対する反応の鋭い学習者を育てること。
- 発問に対し，ねばり強くとりくむ学習者を育てること。
- 学級ぐるみ，発問に反応するような，集団性を育てること。
- 発問に対する応答者に強い関心をもち，連鎖的に，思考や，発言を展開していくような学級を育てること。

このような集団では，教師がどのような発問をしても子ども達は豊かに反応します。その反応がまた教師のよい発問を引き出すきっかけにもなります。まさに好循環です。これらは，日頃からどのように子どもや学級を鍛えているか，育てているかによります。

普段から質の高い発問をすることを心がけ，子どもの考えや発言に不十分なところがあれば教師がゆさぶったり，問い直したりしながら子ども自身に新たな気づきを得させることが重要です。また，子ども達からどんどん質問がでるような教室の雰囲気づくりを行い，子どもも「発問者」として育てていく必要もあるでしょう。

(3) わるい発問とは

以上，述べてきたように「教科の目標を達成させると共に，子どもの変容と意思決定を促し，子どもが『発問者』として育つ発問」であることが望ましいと考えます。そこには「教科の論理」と「子どもの論理」が内在し，そのバランスがうまくとれ，それぞれが相関的に関わり合う発問がよい発問の条件だと捉えます。

このような条件に満たない，もしくは逆のようになっているものがわるい発問，望ましくない発問と考えられます。

例えば，次のような教科の論理を優先させた4年生社会科（単元「ごみは

どこへ」）授業例があります。

　教師がゴミ処理に関する資料を提示した際に，「これ，大変じゃない？」「リサイクルするしかない」「でも，リサイクルできないものもあるよ」「埋立地にもっていくしかない」「でも，埋立地って限界があるよ」「日本は島国だからけっこうやばくない？」と言ったつぶやきが聞こえてきます。このようなつぶやきを生み出したのは，教師の発問ではなく資料の内容です。

　資料や教材が発問に匹敵する「問う力」を内在しており，それを引き出す力を子どもがもっているかが大きな問題となります。子どもがこれまでの学習として積み上げたものがある場合や，子どもの資料から問いを発見する技能があれば，教師が発問しなくても子どもがその中から問いを見つけてきます。それに沿いながら教科の目標を達成できる方向へ進むようにすればよいです。

　しかし，子どものつぶやきが聞こえる中，「燃えないびんやかんはどのように処理されているのだろう？」と，あらかじめ用意していた発問をするときがあります。子どもの「リサイクルできないごみが埋立地に行っても，その埋立地には限界があるのではないか？」という問題意識を置き去りにして，教師が事前に分析した論理を優先させた例です。

　発問そのものがわるいのではなくて，子どもの論理やその場の子どもの思考の流れに沿わない発問を使用することに対して，再度考え直す必要があるでしょう。

〈参考文献〉

木原健太郎他（1967）『社会科の授業研究1　よい発問わるい発問』明治図書
青木幹勇他（1966）『国語科の授業研究1　よい発問わるい発問』明治図書
飯田正宣他（1972）『算数科指導法研究1　よい発問わるい発問』明治図書

3 「よい発問」が生まれやすくなる環境

1 問うことを歓迎する

青木幹勇（1966）[1]は,『よい発問わるい発問』の中で次のように述べます。

> 発問自体を研究するとともに，その発問をうけとる子どものよき学習態勢を整えることにもおおいに努力しなければならない
> 平生のよい発問によっても，よい学習者を育て，よい学習者が，教師のよい発問をさそい出すというような円環を求めたい。

前述した通り，子どもたち自身が問題をもち，子どもたち自身の力でそれを解決しようとする学習，子どもも「発問者」となり，お互い発問し合える環境をつくることが重要です。

発問し合える関係になるには，そこに安心感がなければできません。さらにその場を構成している子ども達の関係性が重要です。そう考えると，学級の心理的安全性を高め，子どもが問うことを歓迎する教師の構えが必要になります。

実はこれが教室の中では難しい状況になっているとも考えられます。いつも問うのは教師であり，子どもが問うことが少ないのが現状です。子どもから質問が出る授業は稀なのではないでしょうか。それはなぜでしょうか。

授業の中で，子どもが質問する際に教師が否定的な反応をすることは多く

---

1 青木幹勇（1966）『国語科の授業研究1 よい発問わるい発問』明治図書

ないでしょうか。例えば，子どもの質問に対して，

「今さっき言ったばかりでしょう」

「それは今は関係ありません」

「それはまた後でね」

　もちろん聞いている子どもの態度にもよります。また，確認のための質問なのか，真理を問うための質問なのか，その質問の質にもよります。しかし，あまり質問を歓迎する環境でなかったのが教室ではないでしょうか。子どもがした質問に対して誠実に対応したり，その質問を授業で取り上げたりすることで，子どもはまた次も質問しようという気になるでしょう。子どもが問うことを歓迎しなければいけません。

　また，「質問をすること＝自分が知らないことやつまずいたことを人に知らせる」というような感覚をもっている子どももいます。わかっていなくてもわかったふりをする，気になることがあっても諦める，というあまりにも寂しい状況です。このような「質問観」を変えていく必要もありますが，この状況を作り出しているのは，我々教師のあり方であることを意識する必要もあります。

　質問することを求められるような授業にしていくことで，子ども達も質問を思いつこうという機会も増えます。子どもの質問（問い）からつくる授業の具体については第7章をご参照ください。

　質問し合えるかどうかは，個人の能力の問題というよりも，状況や環境によるものが強く感じます。質問しても否定的な反応がないような学習集団をつくること，それを前提に個人の能力育成を考える必要があるでしょう。授業は答えを求めるという子どもがもつ「授業観」を変え，問うことを受動的なものにせずに能動的なものにしていく雰囲気を教師がつくることが必要です。

　その先に，子ども同士が質問し，発問し合えるような問い合える学習集団が成り立ちます。問いが生まれやすくなる環境は，そのようにして醸成されていきます。

2 　聞き手の質問を豊かにする

　長岡文雄（1975）[2]は，子どもをよりよく理解するために，子どもの自己表現を促してその具体に迫る方法として多くの実践を行いました。その中に「友だちの話」という実践がありました。毎朝「朝の会」において，数人ずつ輪番で行う発表のことです。「友だちの話」で重要視していたことは，話し手より聞き手の質問を豊かにすることでした。話が一言でおわっても，どんどん質問が出されることで話し手も聞き手も多く関わり合うことができます。話し手の発表を契機として「みんなで作り出す悦び」が創出されました。さらに重要なこととして，長岡（1986）[3]は次のように述べます。

> 　「本当に問題をつかむこと，そしてそれに正対するという学習を重ねること」であり，「児童が自然に表現の意欲をもち，話題や表現技法を豊かに身につけ，書くことへの抵抗もなくする」ということである。

　問題をつかめる子は質問ができます。つまり，「問い」をもちながら臨むことができるということです。そして，話し言葉による豊かな表現が書き言葉の表現につながっていくと考えられます。まずは聴くことから始め，訊ける子どもにすることです。

3 　「感度」を高める

　問いが生まれやすくなる環境は，「感度」の高い学級です。「感度」とは，「相手に関心をもち，相手の言動に反応しながら関わり合おうとする度合い」

2　長岡文雄（1975）『子どもをとらえる構え』黎明書房
3　長岡文雄（1986）「教育実践者の児童理解」『教育方法学研究第11巻』p.128

のことです。感度の高い学級では，気になることが連鎖的に生まれます。子どもの「つぶやき」も多くなります。「感度」の高まりは，子どもの素直な「つぶやき」にもあらわれます。子どものもつ「問い」が発露されて，それらが関わり合いの中で触発されて混じり合ったり刺激し合ったり，そこにひらめきがうまれたり，「つぶやき」から「問い」が醸成されていくような感じです。

　たとえば，社会科の授業をしている時によく思うことがあります。社会科は子どもの生活経験がより表れ，その違いがあるからこそ，その子独自の考えが生じます。その違いを「おもしろい」と思える「感度」が必要です。子どもの「感度」が高くなるのはやはり，教師の「感度」が高い時です。他の教室を覗いてみて，教師が子どもの発言をおもしろがれている学級は，すべからく子どもたちも仲間の発言の違いをおもしろがれています。そして「つぶやき」も多いです。教師が日頃から様々なものに対しておもしろがれているのか，子どもの発見や発言に対しておもしろがれているのか，問い直すことは非常に重要です。

　子どもたちの「感度」が高くなると，身の周りの様々なものに対する見方が変わってきます。見方が豊かになり，人の気持ちにも敏感になってきます。子どもたちのもつ「感度」は，学級の豊かさのバロメーターでもあります。

　学級の「感度」を高めることで，問いが生まれやすくなる環境をつくります。やはり，「問い」は個人的なものだけではなく，集団としての関わりが重要です。

4　環境を開放する

　環境とは，「相互に関係し合って直接・間接に影響を与える状態や世界のこと」を言います。学習における環境として，時間的環境，物的環境，空間的環境，人的環境などが考えられます。教師の役割として，このような環境を整え，活動の場を調整しながら間接的に関わる支援が必要です。子どもが

安心して活動に向かえるようにすることも立派な支援です。支援は，技術というよりも，教師の教育観や子ども観，子どもを見取る目の確かさから発するものに大きく左右されます。

表1　学習における様々な環境

時間的環境	物的環境	空間的環境	人的環境
調べる、まとめる、などの学習過程にかける時間を自分で決める。単元を通した学習を踏まえ、毎時間の使い方を自分で決める。	教科書、資料集、ノート、タブレット端末、白紙、画用紙、ミニホワイトボード等、学習に必要な道具を自分で決めて使用する。	自分の席だけではなく、他者の席、ワークスペース、ホワイトボード前など、学ぶ場所を自分で決める。	友だちと学んだり教師と学んだり、学ぶ相手を自分で決める。一人で学んだり、複数人で学んだり、学ぶ人数を決める。

　表1のように様々な環境を開放することで，問いが生まれやすくなります。例えば，時間的なゆとりがある際，子ども達は自分のペースで学習をすすめ，その中で気づくことや疑問を浮かべることが多くなります。物的環境として，子どもが選ぶ教材教具だけでなく，学習に関する様々なものを教師が提示したり，教室に置いたりするだけで，その物から浮かぶ問いもあります。場所を変えて学習を進める中で閃くこともあります。学ぶ相手を選ぶだけでなく，ゲストティーチャーや，他校の子ども達と交流する場を教師が用意することも考えられます。

　つまり，多くの環境を開放し，今までの画一性の高い授業から，より選択的で自己決定的な授業にすることで，子ども達の問いが生まれやすくなり，一人ひとりの問いが醸成されやすくなります。

5　知的好奇心を引き出す

　加藤秀俊（1969）は，子どもの自律を支える一つの要因として，「ものごとをありのままのものとして受け入れず，つねに『問い』を発することのできる能力，とりわけ，『なぜ？』を問うことのできる能力」をあげます。「なぜ？」と問うことは，一つの問題を発見するということです。しかし，日本の教育が自発的な問題発見を抑圧してきたことを指摘し，子どもが問題を発見することの難しさも述べます。

　問題発見のための一つのポイントが知的好奇心です。教室内に子どもの知的好奇心を惹きつける材である，図鑑や事典や辞典，様々なジャンルの本や実物を用意することが考えられます。

　また，知的好奇心を引き出すための教師の働きかけも考えられます。例えば，「ズレ」を学習の中に導入することです。

　以下の３つが考えられます。

---

①予想と事実の「ズレ」
②認識と事実の「ズレ」
③子ども同士の考え・解釈の「ズレ」

---

　①は，問題に対して出した自分の予想と実際に大きな隔たりがある場合です。②は，今まで当たり前だと思っていたことが，実は違っていた場合です。③は，自分の考えと他者の考えに違いがある場合です。このような「ズレ」を感じた際に，子ども達は「なぜ？」「おかしいな？」という矛盾や驚きを感じます。そして知的好奇心が引き出され，確かめて解決したくなります。

　ポイントとなる「ズレ」を引き出すキーワードは「変化」「違い」「数量」「意外性」です。（図１）

　４年生社会科「くらしをささえる水」の例を挙げます。教室に水が入った

2Lペットボトルを用意します。一回の手洗いやトイレの使用で2Lペットボトルをどれだけ使うか予想します。手洗いでは半分，トイレでは約8本分の水を使用します。子ども達が1日の学校生活でどれくらいの水を使っているのかを予想し，実際の量を教師が提示します。その数の多さに子どもたちは驚きます。（本校では約3万本）「数量」による予想と事実の「ズレ」の喚起です。

図1 「ズレ」による知的好奇心の喚起

3年生社会科「安全なくらしを守る」を例にします。子ども達の多くは，火事が起こった時に消防車は対象物の近くに配置すると認識しています。しかし，実際は散らばった配置になります。「なぜ消防車は散らばっているのだろう？」という問いが生じ，消防車の協力関係や消防設備の分布の様子を調べるきっかけとなります。「意外性」による認識と事実の「ズレ」の喚起です。

図2 必要な水の量

図3 消防車の配置想定図

いずれは，子どもが日常の中から自分で「ズレ」を発見し，「なぜ？」を問えるようになることを考えます。子どもが「ズレ」に対して敏感になれる環境をつくりたいものです。

第2章 主体的な学びを引き出す「よい発問」の条件とは

6　発問が毒になることもある

佐々木俊介（1984）は,

　発問は子供に，ある時間にあることがらをある角度から強要し，即座の返答を求める。子供がそれに興味がなくても，あるいは他の角度から考えてみたいときにも，容赦はしない。おそらく黙って静かに考えたいのではないかと思われるときにも，発表せよと迫る。答えないことは許さないぞ，というのが教師の無言の圧力である。

と述べます。
　また，発問に対して子どもが,

　適当にお茶をにごしたり，実際には思っていないことを答えて急場をしのいだりすることもあるのではないか。

とも指摘します。
　教師からの発問や指示が，子どもの豊かな思考を抑圧することもあるのではないかということを考えておく必要もあります。発問や指示は，教師が教えたいものを子どもが学びたいものに転化させるためのものとして捉えたいです。

〈参考文献〉
青木幹勇（1966）『国語科の教育研究１　よい発問わるい発問』明治図書
長岡文雄（1975）『子どもをとらえる構え』黎明書房
長岡文雄（1986）「教育実践者の児童理解」『教育方法学研究第11巻』
『学習指導研修1984年４月号』教育開発研究所
加藤秀俊（1969）『人間開発』中央公論社

第3章

発問の分類と組織化

１ どのように分類するのか

◆ 「発問」の分類

(1) 指導言

　発問については多くの研究者たちが研究してきました。社会科を例にすると，社会科教育において発問論が固有の領域を確立させてきたのは70年代以降です。それまでは「発問」という言葉すら論文の中でも見られませんでした。社会科が発足されてから「どんな問題が大事か」ということは追究されてきましたが，子どもの中に「どんな問題を生み出そうか」という今日の働きかけには光が当てられてきませんでした。70年代以降は様々な研究がされてきました。質問と発問の区別であったり，「限定発問」「否定発問」の分類等であったり。教師の発する言葉すべてが「発問」だとも言われたりしていました。そのような中，非常にわかりやすく整理したのが大西忠治（1988）[1]でした。

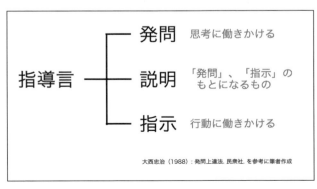

図１　指導言の分類

授業中に教師が発する指導のための言葉を「指導言」といいます。大西は，図１のように指導言を「発問」「説明」「指示」の３つに大きく分けました。

■バランスよく組織する
　「発問」は子どもたちの思考に働きかけ，「指示」は，子どもたちの行動に働きかけます。「説明」は，思考と行動どちらにも働きかけることがあり，「発問」と「指示」を行う前提となる状態をつくり出します。授業の中ではこれら「発問」「指示」「説明」が補完的にバランスよく行われる必要があります。つまり，「発問」や「説明」「指示」の組織化が授業構成には必要となります。
　しかし，そのバランスがうまくいかない場合もあります。社会科を例にします。「社会科授業は暗記教科だ」と言われてきました。それは，「説明」が多すぎたからではないでしょうか。また，「活動あって学びなし」の社会科は，「指示」が多かったからではないでしょうか。「調べてポスターに書く」「模造紙にまとめる」このような活動ばかりになっているパターンです。「発問」が子どもの思考に働きかけますが，「発問」ばかりだと，子どもは何を考えたらよいのかわかりにくくなります。教師自身が授業における指導言のバランスを考えることが重要です。
　たとえば，

　「2016年のリオデジャネイロオリンピックのメダルは使われなくなった車や鏡などをリサイクルして作られています。ただし全てではありません。30％リサイクルで，残りの70％は金を使っています。2012年のロンドンオリンピックのリサイクル率は０％でした。さて，次の2020年の東京オリンピックメダルのリサイクル率はどれくらいだと思いますか。ノートに数字が書けたら手を挙げてください。」

1　大西忠治（1988）『発問上達法』民衆社

以上の教師による指導言があります。これらの指導言の中のどの部分が「発問」「説明」「指示」なのでしょうか。

> 「2016年のリオデジャネイロオリンピックのメダルは使われなくなった車や鏡などをリサイクルして作られています。ただし全てではありません。30％リサイクルで，残りの70％は金を使っています。2012年のロンドンオリンピックのリサイクル率は０％でした」

が「説明」です。

> 「次の2020年の東京オリンピックメダルのリサイクル率はどれくらいだと思いますか」

が「発問」です。

> 「ノートに数字が書けたら手を挙げてください」

が「指示」です。

　「説明」がなくても「発問」はできます。しかし，前提がないので子どもたちは予想することが難しくなります。「説明」が前提をつくりだします。また，最後の「指示」がなくても授業は成り立ちます。しかし，指示をすることで，子どもの迷いもなくなります。「発問」と「指示」をセットにすることで，考えることと活動することが明確になります。細かいことですが，日々の授業で少し意識するだけでも子どもの思考と動きが変わります。
　１時間の授業を撮影し，音声を聴いたり動画を観たりします。その際，指導言のみに着目してみます。自分の指導言の何が多いのか，どのようなくせがあるのかがよくわかります。私は，授業を文字起こししたときに，「発問」

＝赤色，「説明」＝青色，「指示」＝緑色にわけて線を引いたこともあります。真っ青になっていることもあり，自身の授業を見直すヒントとなりました。

　表1のように分けてみるとわかりやすいです。

表1　説明・発問・指示の例

現場の声は，大きく分かれています。 　1つ目は，伝統的な作品だから価値がある。日本本来の作風を大切にするべき。高級感にあふれて高貴な味わいがある。 　「〜らしい」という言葉は長年の伝統から生まれる。伝統の中にこそ引き継がれた高い美意識がある。という意見です。 　2つ目は，新しさの方は，今のライフスタイルに合わせるべき。新しい挑戦にどんどん取り組むべき。消費者のニーズに合わせるべき。伝統工芸の可能性を広げるべき。という意見です。	説明
もし君たちが生産者だとしたら，今までの九谷焼，つまり，伝統を重んじたつくり方をするか，それとも新しさをとり入れたつくり方にするか，どちらにしますか？	発問
まずノートに書いて自分の立場を決めなさい。	指示

■ 「めあて」は指示か発問か

　授業の冒頭で教師から「めあて」なるものが出される授業は少なくありません。「四角形の内角の和の大きさを調べよう」や「銃を下ろしたときの大造じいさんの気持ちを考えよう」などです。しかし，教師から一方的に示された「めあて」に対して子どもたちの「問い」は存在せず，考える必然性をもっていません。

　教師は子どもの思考を促すつもりで「〜しよう」や「〜を考えよう」を使っているが，これは発問ではなく，指示です。図1のように，指示は子どもの行動に働きかけるものなので，子どもは自ら思考するわけではありません。授業の冒頭では，こちらからめあてを提示するのではなく，子どもから出て

第3章　発問の分類と組織化　53

きた疑問を中心に授業を展開していくことが重要です。

　教師が発問したことや提示した資料に対し，子どもは様々な疑問をつぶやきます。その素朴な疑問を明示化し，つなげていくことで学習に向かう問いが醸成されていきます。

　つまり，子どもの疑問が多く出されるような発問や資料提示をし，出された疑問やつぶやきをつなげることで問題意識を高めさせることが重要です。その状態で「四角形の内角の和の大きさを調べよう」や「銃を下ろしたときの大造じいさんの気持ちを考えよう」などのめあてが出されるからこそ，子ども達に考える必然性が生じるのです。

■助言

　大西は「発問」「指示」「説明」という3つの指導言のほか，「助言」を重要視していました。「『助言』こそ授業づくりのカギである」[2]と述べます。大西は「助言」の役割として2つ提示します。

　1　解答のためのヒントをあたえる。
　2　子どもの思考の方向を示し，そちらへ向けて思考をすすめるように
　　調整し，うながす。

　例えば，

　1　「日本国民のリサイクルの意識は最近上がっていると思う？」
　2　「登場人物の気持ちはわかったけど，今度はそれぞれの視点から考えて書いてみて」

などが考えられます。

2　大西，前掲書，p.172

「助言」は指導言の中に入りますが，大西は前述の「発問」「説明」「指示」とは系列を別にして分けていました。[3]

たとえば，上記1の助言は「発問」の形で，2は「指示」の形をとっています。1の「日本国民のリサイクルの意識は最近上がっていると思う？」を「最近の日本国民の様子について話し合いなさい」と変えれば，教師の意図は同じですが，「発問」でも「指示」でも通じることになります。つまり，「発問」や「指示」が，すべて「助言」という扱いになるということです。

私の感覚としては，

・「発問」「説明」「指示」は１時間の授業の骨格となる定型的なもの
・「助言」はそれらを補う臨機応変的なもの

という捉えです。

「発問」「説明」「指示」は，１時間の授業を構想する際におおよそ想定されてきます。しかし「助言」は，子どもが実際にどのように反応するかを考える想定力と，その場で臨機応変に対応できる力が試されます。つまり，「助言」は，その時の子どもの反応や様子に応じて変わる「受けの指導言」と言えるでしょう。だからこそ大西は，この「助言」こそが，教師の指導力によって決まり，授業が成功するかどうかのカギだと述べているのです。授業内での教師の「助言」が少なくなるということは，子どもの思考が働き，学習がよりよい方向へ向いているということになるでしょう。

(2)　発問の類型化

発問が研究されるようになってから，数多くの発問の類型化が行われています。類型化は，それが行われるある時点の対象比較によって傾向性を俯瞰的に捉える作業です。ですから，その当時の問題意識や必要感等によって変

3　詳しくは大西，前掲書，pp.146-181を参照。大西はp151で指導言を「提言」と「助言」に分け，それぞれに「発問」「説明」「指示」が関わるという関係図を示しているが，ここでは「助言」と「発問」「説明」「指示」と大きく分けて考えるという程度に留める。

第３章　発問の分類と組織化　55

化します。どのように類型化されたのかをしっかり分析することが重要です。

　例えば，吉本均（1974）は『訓育的教授の理論』で，発問を「対象にむかって子どもたちが思考せざるをえないように追い込む教師からのしかけ」と定義し，発問を

「限定発問（しぼる問いかけ）」
「関連的発問（ひろげる問いかけ）」
「否定発問（ゆさぶる問いかけ）」

の３つに分類しています。また，有田和正（1988）は『社会科発問の定石化』の中で，これら３つ以外に

「思考を深化する発問」

を挙げます。「思考を深化する発問」の例を「比較させる発問」「因果関係に気づかせる発問」「発展性や関連性に目をつけさせる発問」「ささえられている条件に気づかせる発問」とします。

　これらの分類を参考に，私も発問を３つに分類しました。

(1)　「絞る発問」…視点を絞りたいときに用いる。例えば，「だれが」「どこで」「いつ」等，人や場所，時間などに絞って問う際の発問。

(2)　「広げる発問」…視点を広げたいときに用いる。「どのように」と様子や方法を問い，追究させる際の発問。

(3)　「深める発問」…思考を深めたいときに用いる。例えば，「なぜ」と因果関係を問う際，その他一般化を図る際，多面・多角化を促す際の発問。

表2　発問の類型（宗實，2021）

絞る発問	視点を絞りたい時に用いる	「だれが」「どこで」「いつ」等，人や場所，時間などに絞って問う際の発問
広げる発問	視点を広げたい時に用いる	「どのように」と様子や方法を問い，追究させる際の発問
深める発問	思考を深めたい時に用いる	「なぜ」と因果関係を問う際，その他一般化を図る際，多面化・多角化を促す際の発問

　このように類型化された発問を，授業過程のどの学習段階でどのように組み合わせて活用していくのかを考えることが重要です。

　例えば，「絞る発問」は授業の導入時に行われることが多くなります。「広げる発問」は追究を促す発問であるので，導入時や展開時に行われることが多くなります。「深める発問」はねらいを達成する場面や発展的に考える場面である展開時や終末時に行われることが多くなります。もちろん，展開時や終末時に「絞る発問」で小刻みに視点を絞ることも考えられます。これらの分類はあくまでも大きな枠組みとしての分類であり，実際には授業過程の中で様々な意図をもった発問が行われます。

　私は社会科を想定して分類しましたが，他の教科でも汎用的に考えることができます。また，シンプルになればなるほど意図的に活用しやすくなります。大切なことは，自分自身が授業を行う際に何を目的にし，何を大切にして発問するのか，自分に合う形で決めて分類していくことです。達成させたい目標が明確になればなるほど，発問も意図的に活用できるようになります。

第3章　発問の分類と組織化　57

⑶ 評価言

　山下政俊（1999）は，「評価言」について，次のように述べます。

　　教師が教育活動や学習指導において活用している説明・指示・発問・助言を総称して言われる指導言を除く，そこに子どもの活動や学習を価値づける・彼らを意欲づける役割や効果を持つ，ひとまとまりの言葉が評価言である。[4]

　また，山下政俊・広山隆行（1997）は，次のように述べます。

　　これまで子どもの発言や応答や表現を価値判断したり，それにコメントを加えたり，あるいはそれを発展させたりする言葉としての評価言は，指導言に比べると注目されることがほとんどなかった，といってよいだろう。[5]

　実際，授業研究として指導言，その中でもとりわけ発問に焦点があたって研究されてきたと考えられます。題に「発問」とついた書籍も数多く出版されています。
　しかし，近年，学習者主体の授業が再注目されることになり，この評価言に対する理解が深まってきているように感じます。

　評価言は次の３つの構成要素から成り立ち，その組み合わせや省略を用いて活用されます。[6]

4　山下政俊（1999）「評価言」恒吉宏典，深澤広明編『授業研究　重要用語300の基礎知識』明治図書，p.228
5　山下政俊・広山隆行（1997）「授業における評価言の役割と教育的効果⑴―斎藤喜博の場合―」『教育実践研究指導センター紀要８，1997』p.1
6　山下政俊（1996）『評価言の人間化―自律を促す理論と方法―』明治図書，p.53

① 子どもの行為・行動を価値づける「価値判断的要素」
② 価値判断の基準・尺度・根拠・理由などを明示する「注釈的要素」
③ 次の行為・行動への示唆となる「助言的要素」

具体的な発問としては例えば，

「前に学習したことをどんどん使えるようになってきたね（価値判断的要素）いつも同じ考えがないかノートを見返すくせがついたからだね（注釈的要素）どの教科でもその考え方を大切にしてね（助言的要素）」
などが考えられます。

これらの評価言は効果的になりうると共に，その逆も考えられます。あらかじめ用意されたものではなく，授業や学習展開の中でその場に応じて生まれるものであり，教師の対応力や人間性が垣間見られます。だからこそ，教師は子どもの思いや願いなど，現時点の学びのあり方を見取り，目標に向けたその子の学びのプロセスに合わせて言葉（評価言）をかけることが重要です。

池田修（2023）は，教師主体の授業時における評価言と，学習者主体の学習時における評価言を別ものと捉え，学習者主体の学習時における評価言を次の3つとしています。[7]

1 認める
2 正誤の判断をする
3 振り返りをする

7　池田修（2023）「【指導のパラダイムシフト #17】対応のパラダイムシフト③」『web サイト「みんなの教育技術」連載　指導のパラダイムシフト〜斜め上から本質を考える』https://kyoiku.sho.jp/114805/

それぞれ説明されていることを端的にまとめると，次のようになります。

「1　認める」は，学習者の学習活動を受け止めるということで，価値を含んだ言葉をかける必要はない。うなずく，微笑むなどの非言語的なコミュニケーションも含まれる。これで学習者は安心して，次の学習に向かうことができる。

「2　正誤の判断をする」は，学習者の活動が，目的や目標に合っているかの判断をすること。根本的に間違っているときは，その理由を伝える。学習している過程が読み取りにくい際は，学習者に訊くようにすること。基本的に，価値の判断は本人がするものという立場を取る。

「3　振り返りをする」は，生のフィードバックとフォローアップの二つがある。学習がうまく行ったときは，その事実を伝え，この先どのように学習を進めていくのかを確認する。うまくいかなかった場合は，励ましたり，問題点を確認したりして，課題が達成できるようにする。

教師主体の授業を行うのか，学習者主体の授業を行うのかで教師の評価言も変わってくることが示唆されています。学習者主体の授業については第8章をご覧ください。

〈参考文献〉

大西忠治（1988）『発問上達法』民衆社

恒吉宏典，深澤広明編（1999）『授業研究　重要用語300の基礎知識』明治図書，p.228.

山下政俊（1996）『評価言の人間化―自律を促す理論と方法―』明治図書

山下政俊・広山隆行（1997）「授業における評価言の役割と教育的効果（1）―斎藤喜博の場合―」『教育実践研究指導センター紀要8　1997』

池田修（2023）「【指導のパラダイムシフト #17】対応のパラダイムシフト③」『webサイト「みんなの教育技術」連載　指導のパラダイムシフト～斜め上から本質を考える』https://kyoiku.sho.jp/114805/

西忠治（1987）『授業つくり上達法』民衆社

木原健太郎編，辻畑信彦・荒木隆（1983）『よい授業を創る教え方の基礎技術』明治図書

② どのように組織化するのか

1 発問の組織化

　よい授業を実施するには，質の高い教材が不可欠です。これらの教材を効果的に活用するために重要なのが，教師が生徒に直接行う「発問」の技術です。しかし，「発問」を単なる授業技術として見るだけでは不十分です。というのも，「発問」は，教材の目的，特性，構造に基づいて形成されるだけでなく，子どもの意識や理解度にも影響されるからです。

表1　発問の組織化

問いの組織化	
論理的な組織化	前後の問いや、説明・指示と矛盾しないように問いを組織すること
科学的な組織化	教科・教材の論理に即して問いを組織すること
心理的な組織化	子どもたちの過去経験や興味・関心、能力等合わせて問いを組織すること

豊田久亀（1984）「発問研究はどこまで進んでいるか」『社会科研究』No.264，明治図書を参考に筆者作成

第3章　発問の分類と組織化　61

豊田久亀（1984）は，発問構成において，発問の組織化という観点から表
1のように3つを取り上げています。

　「論理的な組織化」は，前後の発問や，説明・指示と矛盾しないように発
問を組織すること，「科学的な組織化」は，教科・教材の論理に即して発問
を組織すること，「心理的な組織化」は，子どもたちの過去経験や興味・関
心，能力等と合わせて組織すること，と捉えることができます。

　一連の授業の中での文脈に合わせた発問を組織すること，教科目標や教材
に即して発問を組織すること，働きかける対象である子どもの実態を捉えて
発問を組織することが重要であるということです。発問の構造や機能を明ら
かにするには，その一連の構想の視点からの分析が欠かせません。

　もう少し具体的に見ると，表2のようになります。これら3つの観点を基
にして説明します。それぞれの具体的な内容は，拙著『深い学びに導く社会
科新発問パターン集』をご参照ください。

表2　発問の組織化の具体

問いの組織化	
論理的な組織化	「目標達成」から考える問い 　　・中心発問　・補助発問　・指導言 発問の類型 　　・絞る問い　・広げる問い　・深める問い
科学的な組織化	教科の論理に即した問い 　　・社会的な見方・考え方を働かせる問い 　　・概念等に関わる知識を獲得する問い
心理的な組織化	心理学的側面からみた問い 　　・ゆさぶり　　・共有化を促す 　　・知覚語　　　・感覚に働きかける

豊田久亀（1984）「発問研究はどこまで進んでいるか」『社会科研究』No.264，明治図書を参考に筆者作成

2 論理的な組織化

(1)「目標達成」から考える発問

　発問は，教科の目標を達成するために構成されます。目標達成のために直接関わる発問が，いわゆる「中心発問」です。「中心発問」を支える役割として，「補助発問」が挙げられます。「中心発問」と「補助発問」のつながりを意識しながら授業の中で構成していきます。この「中心発問」や「補助発問」は，学習指導案によく記載されるものでもあります。

　例えば，図1のような指導案（略案）の場合，「中心発問」と「補助発問」の役割やそれぞれのつながりはどのようになっているのでしょうか。

　「中心発問」が

・「スマート農業に取り組むことで，「増やせること」「減らせること」は何があると思いますか？」

になります。この発問によって，子ども達はスマート農業のよさを経済面や環境面など，さまざまな観点から発言します。

　子ども達がスマート農業のよさを感じたあと，まだ取り組めていない事実を提示した後に

・「これだけすばらしいのだからみんな取り組めばいいのにね？」

と，ゆさぶります。この発問はスマート農業に取り組まない理由を考えることを意図しています。

　この2つの発問を通じて，子ども達は本時の目標に記すとおり，スマート農業のよさと課題を把握することができます。

　そこに至るまで，

・「何をしている写真ですか？」

・「このドローンでどんなことができると思いますか？」

など，スマート農業がどのようなものかを理解していくための発問を資料と共に提示しています。

第3章　発問の分類と組織化　63

「スマート農業についてどう思いましたか？」と価値判断を促したり，「農家の方の気持ちはわかりますか？」と情意面にせまったりもします。

【これからの食料生産［略案］（発問＋説明＋指示）】

〈本時の目標〉ロボット技術や情報・通信技術を導入したスマート農業について調べることを通じて，持続可能を目指す新しい農業のよさと課題について理解できるようにする。【知識・技能】

1. スマート農業に取り組むことのよさについて話し合う。

30分

※牛の耕し画像提示

「何をしている写真ですか？」

「その後、何に変わりますか？」

「さらに最近、このような取り組みをしている人もいます」

「自動で動くロボットトラクターです」

「ＧＰＳ機能を使って無人で動いて耕すことができます」

「このような取り組みは他にもあります。これです」

「このドローンでどんなことができると思いますか？」

※予想

「上空のドローンから見える景色です。上空から見て何かを探しています」

「害虫を探してピンポイントで農薬をかけるのです」

「こういったロボット技術や情報通信技術を活用した農業を「スマート農業」と言います」※板書

「もう少し詳しいスマート農業の資料を渡します。印象的な所に線を引き、解釈できるところは書き込んでください。」※資料配布

「スマート農業に取り組むことで、「増やせること」「減らせること」は何があると思いますか？」

・減らせること―人件費、農薬、高齢化問題、労力、手間暇、環境への負荷　など

・増やせること―従業員、作業効率、利益、技術、後継者　など

「スマート農業についてどう思いましたか？」

「ここ最近、このようなスマート農業に取り組む必要性が国をあげて言われています」

2. スマート農業に取り組めない理由について発表する。

10分

「スマート農業の普及状況が気になったので近くの市役所に電話をかけてきいてみました。見てみましょう」

※普及状況提示

「これだけすばらしいのだからみんな取り組めばいいのにね？」（ゆさぶり）

※軽く予想

「実際農家の方が取り組まない理由を見てみますか？」

※取り組まない理由提示

「農家の方の気持ちがわかりますか？」

3. スマート農業に対する自分の考えをノートに書く。

5分

「スマート農業に取り組むことで生産性も上がり、様々な人が農業に興味をもちそうだ。だれもが操作できなかったり、値段が高かったりするなど、心配することもある。でも、スマート農業に取り組むことで、持続可能な農業にすることができると思う」

図１　５年生社会科「これからの食糧生産」指導案（略案）

つまり，「中心発問」につながるまで段階的に発問したり，「中心発問」で得ることができた知識や認識をより豊かにしたりする機能としての「補助発問」が考えられます。

　また，補助発問は，教師が子どもたちの発言に臨機応変に反応し，それを深めたり共有させたりするために用いる技術です。教師がさまざまな場面で適切な補助発問を行う能力を高めることは，よりよい授業への一歩と言えます。子どもたちが授業中に何かつぶやいたとき，それを見逃さず，「どうしてそう思ったの？」「それはどういう意味？」などと問い返すことで，子どもの思考に基づいた授業展開が可能になります。

　子どもの「中心発問」に関する発言に対して，「〇〇さんはどうしてそう考えたと思う？」「〇〇さんの考えを詳しく説明できる？」「今，〇〇さんが言ったことをもう一度言ってみて」と尋ねることで，他の子どももその考えを理解しやすくなります。

　補助発問は文字通り「補助」として機能しますが，子どもたちを主体とした授業においてはこの技術が特に重要になります。そして，54pで述べた「助言」としての捉え方が，この点においても適切であると言えるでしょう。

⑵　授業構成レベルで考える

　向山洋一（1985）は，有田和正の実践を例にして次のように述べます。[1]

　1　教師になり立ての人（アマ）の聞き方。
　「バスの運転手さんはどんな仕事をしているでしょうか。」
　2　少し教師生活に慣れた人。
　「バスの運転手さんは，どんなことに気をつけながら運転しているでしょうか。」

1　向山洋一（1985）『大きな手と小さな手をつないで　2年の学級経営』明治図書，pp.67-69に詳細が記されている。

第3章　発問の分類と組織化　65

> 3 プロの教師。
> 「バスの運転手さんは，運転している時，どこを見ていますか。」

　1，2，3の発問の違いはどこにあるのか，向山はなぜ3を「プロ教師の発問」としているのか，その理由は後の80p（「知覚語」で問う）に述べます。ここでは，授業内で扱われた有田の発問について見ていきます。

学　習　活　動　・　内　容	指　導　上　の　留　意　点
1．バスに乗った経験を出し合い、バスについて自信をもつ。	○「バスのことはよく知ってるぞ」という意識をもたせ、自信をもたせる。
2．バスについて知っていることを出し合う。 　Ⓣ バスには、タイヤが何個ついてるか？ 　・つり皮・椅子・窓・バックミラーの数 　・車内放送の種類は？	○子どもが「知っている」と思っていることをゆさぶり、「見ていないなあ」「見直さなくては」と思うようにする。
3．バスごっこをしながら、バスの運転手がどんな仕事をしているか考える。 　(1) 運転手とお客、数人を決める。 　(2) ごっこをしながら問題をみつける。 　　・出発のときの仕事 　　・運転中の仕事 　Ⓣ 運転手はどこを見て運転しているか 　　・交差点　子どもの飛び出し、踏切等 　　・止まる前―止まってからの仕事	○わからないところ、あいまいなところを問題として残していき、見直しの必要性に気付かせる。 ○「運転手によってやり方が違うのではないか」「運転するとき何かきまりのようなものがあるのではないか」といった見方が出るかどうか。
4．問題点を整理し、調べ方を話し合う。 　・見直しをする 　・たずねる	○「バスの運転は大変だが、電車の運転はらくだろう」とゆさぶりをかけ、次時へつなぐ。

図2　「バスのうんてんしゅ」指導案（本時の展開）

有田和正（1992）『有田式指導案と授業のネタ3』明治図書，p.69より

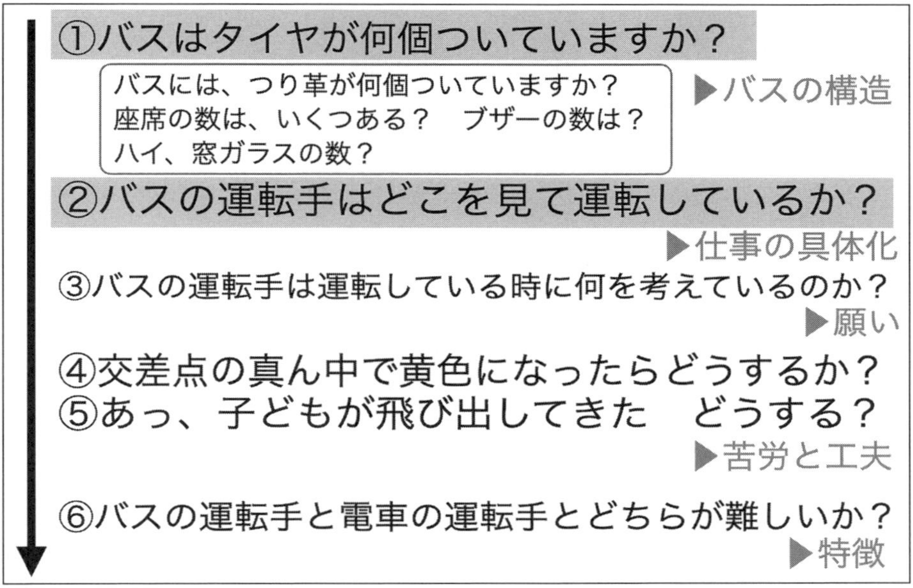

①バスはタイヤが何個ついていますか？

> バスには、つり革が何個ついていますか？
> 座席の数は、いくつある？　ブザーの数は？
> ハイ、窓ガラスの数？

▶バスの構造

②バスの運転手はどこを見て運転しているか？

▶仕事の具体化

③バスの運転手は運転している時に何を考えているのか？

▶願い

④交差点の真ん中で黄色になったらどうするか？
⑤あっ、子どもが飛び出してきた　どうする？

▶苦労と工夫

⑥バスの運転手と電車の運転手とどちらが難しいか？

▶特徴

図3　授業構成レベルの発問

　実際の有田の指導案（本時の展開）と発問を見てみましょう。

　指導案に記されている発問は，「バスには，タイヤが何個ついてるか」「運転手はどこを見て運転しているか」の2つですが，実際の授業ではその他多くの発問が使用されていました。

　例えば図3のような発問です。

　向山が示し，現在広く知られているのが②の発問です。この発問が有名になりすぎて単体で分析や検証されることが多いです。しかし，発問は，一つの発問を取り上げてそれを吟味するだけでなく，授業構成レベルで考えなければいけません。

①　バスはタイヤが何個ついていますか？

②　バスの運転手はどこを見て運転しているか？

③　バスの運転手は運転している時に何を考えているのか？

④　交差点の真ん中で黄色になったらどうするか？

第3章　発問の分類と組織化　67

⑤　あっ，子どもが飛び出してきた　どうする？
⑥　バスの運転手と電車の運転手とどちらが難しいか？

　この６つが授業を構成する上で重要になる発問になります。

　これだけではなく，構成レベルの発問を支えるために「つり革が何個ついていますか？」「ブザーの数は？」などの授業展開レベルとしての補助発問も多くされています。

　有田は，バスそのものの構造に着目させ，運転手の仕事を捉えさせた上で，その仕事の願いや苦労，工夫を考えさせようと意図しているのがよく分かります。そして最後に電車と比較することで，お互いの特徴を捉えるという展開です。この授業構成レベルの発問の中でも中心的な役割をはたしているのが，①②だと考えられます。

　一つの発問の機能を吟味するだけでなく，それぞれの発問のつながりを考え，授業構成レベルで分析することがよりよい授業を生み出します。つまり，本時の目標を達成するために，基本的な問いを立て，それが子どもに届くように具体化した発問にすると同時に，補助的な発問を組み合わせて授業を構成することが重要です。

　ちなみに，静岡大学教育学部附属静岡中学校は「初発問」を提案しています。「初発問」とは，授業における最初の発問という意味で使うのではなく，子どもたちの思考が動き始めていく，その契機となる発問と考えていました。子どもの実感に働きかけるものとして，次の２つに整理しています。[2]

(A)　実感をゆさぶる。
　あたりまえだと思っていたけれど，これは今までとちょっと違うぞ。

2　佐伯胖・静岡大学教育学部附属静岡中学校（1991）『初発問―わかり合う授業の創造』明治図書，p.18

(B)　どんな実感かを問う。
　　自分の，この感じ，この考えはどういうところから生まれたのかな？

　(A)の実感をゆさぶる「初発問」の例として，理科「酸化と還元」をあげています。
「燃えかすみたいな酸化銅を入れたのに，どうしてこんなに激しく燃えるのであろう？」
が初発問でした。
　子どもの日常経験からは「燃え尽きたものはもう燃えない」という捉えでしたが，それをゆさぶる初発問です。実感をゆさぶられた子どもは，その疑問を解決したいという意識をもつというものです。

　また，「主発問」（中心発問）を次の3つに整理しています。[3]

　㋐　「自分の捉え方からすると，みんなの考えではおかしい」と矛盾に気づき生まれた思いをうけたもの
　㋑　どの子どもも，たちかえることができる対象（表現，意図，記号など）に着目させるもの
　㋒　それぞれの感じを，表現・動きとして表したいという思いをうけたもの

　先程の理科の例で言えば，㋐があてはまります。先述の初発問のあと，子どもたちは残った物質をさわったり，燃えるのに必要なものは何かを考えたりしていく中で，「燃えたということは，マグネシウムが酸化銅の酸素を奪ったとしか考えられない」と発言してきました。しかし，「燃えるのには，気体の酸素が必要だったのではないか」という発言も出てきました。そこで

3　佐伯胖・静岡大学教育学部附属静岡中学校，前掲書，p.21

第3章　発問の分類と組織化　69

(A)に即して,

　「酸化銅だけで燃えるのだったら，空気中の酸素がなくても燃えるということかな？」

という主発問を子どもになげかけました。この主発問以降，子どもたちは酸素が入らないように窒素を満たした試験管での燃焼実験を行って追究を続けました。そして，気体の酸素がなくなっても燃焼（酸化）が起こるという捉えにたどり着いたようです。

　先述の有田の発問から考えると，附属静岡中学校の事例と同じく，「①バスはタイヤが何個ついていますか？」が初発問(A)，「②バスの運転手はどこを見て運転しているか？」が主発問(ア)となるでしょうか。授業構成レベルとして発問を考える際に，「初発問」の概念をもち，「主発問」と連続的につながるものとして組み立てることも効果的だと考えます。

3　科学的な組織化

(1)　教科の論理に即した発問

　社会科の目標は，『文部科学省（2017）小学校学習指導要領解説社会編』に，以下のように記されています。

> 社会的な見方・考え方を働かせ，課題を追究したり解決したりする活動を通して，グローバル化する国際社会に主体的に生きる平和で民主的な国家及び社会の形成者に必要な公民としての資質・能力の基礎を次のとおり育成することを目指す。

　目標に達成するために，まずは社会的な見方・考え方を働かせ，課題を追究したり解決したりする活動を通して，社会的事象の様子や仕組み，そのものの意味や特色などを捉えさせることが必要です。つまり，社会的事象を

「意味レベル」でより確かに捉えることができるようにすることが重要です。

表3　発問の分類

類型	社会的な見方（視点）			獲得できる知識
	位置や空間的な広がり	時期や時間の経過	事象や人々の相互関係	
知るための発問 When Where Who What How	どこで広がったのか どのように広がっているのか	何が変わったのか どのように変わってきたのか	だれが生産しているのか どのような工夫があるのか	事実的知識
分かるための発問 Why (How) (What)	なぜこの場所に広がっているのか	なぜ変わっているのか	なぜ協力することが必要なのか	概念的知識
関わるための発問 Which	さらにこの場所に広げるべきだろうか	どのように変わっていくべきなのだろうか	共に協力する上でAとBとどちらが必要だろうか	価値的・判断的知識

澤井陽介・加勝寿朗編著（2017）『見方・考え方　社会科編』東洋館出版社を参考に筆者作成

　表3を使って説明します。社会的な見方・考え方を働かせるためには，「位置や空間的な拡がり」「時期や時間の経過」「事象や人々の相互関係」に着目して発問する必要があります。（見方・考え方の詳細は第5章108pをご参照ください）

　「知るための発問」は，「何があるのか」「どのようになっているか」といった問いを通じて，情報を収集し，理解し，伝えることを目的としています。これにより，社会についての基本的な情報が得られます。「分かるための発問」は，「なぜか」「特色は何か」と問いかけることで，事象間の関係や意味，特色を深く理解することを目指します。そして，「関わるための発問」は，「どうしたらよいか」と問いかけ，社会における課題に対する解決策やアプローチを判断することを目的とします。

　これらの発問は，異なる視点に焦点をあてることで，さまざまな形をとります。「位置や空間的な広がり」に着目した場合，「どのように広がっている

第3章　発問の分類と組織化　71

か」「なぜこの場所に広がっているのか」「さらにこの場所に広げるべきか」といった発問が可能です。「時期や時間の経過」に注目すると，「どのように変わってきたのか」「なぜ変わっているのか」「どのように変わっていくべきか」といった発問が生まれます。「事象や人々の相互関係」に焦点をあてると，「どのような工夫があるのか」「なぜ協力が必要なのか」「共に協力する上でAとBのどちらが必要か」といった発問が考えられます。

　また，これらの発問の種類によって，子どもたちが獲得する知識の種類が異なります。「知るための発問」は事実的知識を獲得し，「分かるための発問」は概念的知識[4]を獲得します。「関わるための発問」は価値的・判断的知識を獲得ために用いられます。このように，発問と知識獲得の関係を理解し，それぞれの知識レベルに応じた発問を効果的に用いることが重要です。

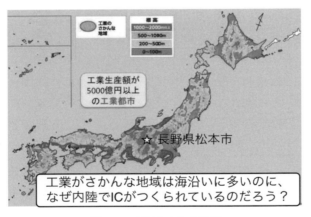

図4　IC が制作される場所

(2) **段階的に発問する**

　社会科における発問では，社会的事象の目には見えない意味や特色，相互の関連を捉えさせることが大切です。つまり，概念的知識を獲得させることです。しかし，子どもたちがいきなり概念的知識を獲得するのは容易ではありません。まずは，「知るための発問」で目に見える社会的事象の様子や事実を捉えます。その後，「分かるための発問」や「関わるための発問」で目には見えない社会的

4　概念的知識とは，社会的事象の目には見えない関係性を説明するための知識であり，他の事例や事例地に応用したり転移したりすることができる汎用性の高い知識のこと。

事象の意味や特色，相互の関連を捉えます。つまり，「いつ」「どこで」「だれが」「どのように」等の発問で事実的知識を獲得し，「なぜ」「どうしたらよいか」等の発問で概念的知識や価値的・判断的知識を獲得していきます。

　前述した通り，私は，授業過程の段階で使用する発問を次の３つに分類しています。(pp.56-57)

---

(1) 「絞る発問」…視点を絞りたいときに用いる。例えば，「だれが」「どこで」「いつ」等，人や場所，時間などに絞って問う際の発問。
(2) 「広げる発問」…視点を広げたいときに用いる。「どのように」と様子や方法を問い，追究させる際の発問。
(3) 「深める発問」…思考を深めたいときに用いる。例えば，「なぜ」と因果関係を問う際，その他一般化を図る際，多面・多角化を促す際の発問。

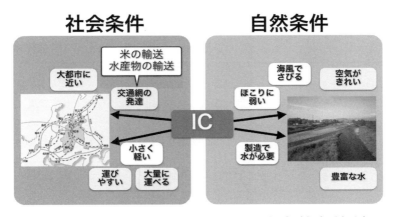

図5　ICが内陸の松本市で作られる理由

第３章　発問の分類と組織化　73

この分類に沿いながら，5年生の「工業生産のさかんな地域」の学習を例に説明します。工業地域に関する学習では，通常，海沿いに工業が集中しているという事実を子どもたちは認識しています。この理解を深めるために，実際に内陸の長野県松本市で生産されているICチップを例にとります。まず，「これは何だと思いますか？」と尋ね，「このICはどこで作られていると思いますか？」と絞る発問で子どもたちに予想させます。子どもたちが松本市での生産を知り，その場所を調べるとき，「どのような場所で作られていますか？」と広げる発問で問います。内陸での生産に気付いた子どもたち

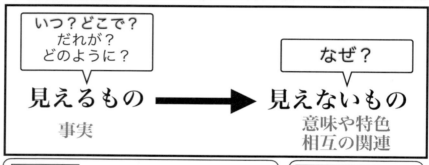

図6　見えるものから見えないものを問う

5　「なぜ？」という発問の重要性や難しさ，それを克服するための手立ては，宗實直樹（2021）『深い学びに導く社会科新発問パターン集』明治図書，pp.23-27や宗實直樹（2021）『社会科の「つまずき」指導術』明治図書，pp.54-63に詳述しているのでご参照いただきたい。

は驚き，「工業がさかんな地域は海沿いに多いのに，なぜ内陸でICがつくられているのだろう？」と深める発問で問います。内陸でICが作られる理由を，交通や立地等の社会条件だけでなく，内陸の自然条件も大きく影響していることを追究していきます。既習の農業や水産業と同じように，工業でも自然条件が生かされているという見方ができるようにします。すでに獲得した見方を別の事象でも適用できることは，子ども達が学びを深めている姿と考えられます。

　発問の構造において，「何」「どこ」「どのような」という具体的な発問（絞る発問，広げる発問）によって，子どもたちは物事や場所など目に見える情報を認識します。その後，「なぜ」という発問[5]（深める発問）によって，ICが内陸で作られる理由や背後にある因果関係を理解します。このように，図6のように段階的な発問の構成を意識することで，「目に見える事実」から「見えない意味や特色，相互の関連性」へと知識を深めるプロセスを促進できます。

　森才三（2015）は，問いの対象と問いの観点を表4のように整理していま

表4　社会科授業における問いの観点

社会科の対象	問いの観点	
出来事	原因	**背景**
		条件
		発生由来
行為	理由	**意図**
		発生由来
主張・認識・信念	根拠	**基準・準拠**
		発生由来
		判断意外

森才三（2015）「社会科授業における『なぜ』発問の実践方略―『問いの対象』と『問いの観点』に注目して―」
全国社会科教育学会編『社会科研究』第70号，p. 22.

第3章　発問の分類と組織化　75

す。森は「子どもの社会認識体制の成長は，『背景』，『条件』，『意図』，『基準・準拠』の《問いの観点》を明確に自覚し，学習者にそれが伝わるように，『なぜ』と問わなければならない。」と述べます。また，表5のように，「なぜ」発問実践の方略を示しています。

たとえば，4年生「特色ある地域のくらし」の丹波篠山市を事例にします。街の活性化のために個人で使用していた登り窯を県に手渡すという出来事に関する是非を問う場面です。市野さんが18歳の時からずっと使ってきた登り窯で，50年以上共に生きてこられました。その登り窯の修復を経て「最古の

表5　「なぜ」発問実践の方略

①子どもの社会認識体制の成長を促す「なぜ」発問は、「背景」、「条件」、「意図」、「基準・準拠」を《問いの観点》とするものである、ということを確認する。
②「なぜ」と発問した後に、それに続けて、それらの《問いの観点》が判別できるように、「なぜ」を「なに」や「どんな」の問いに言い換えた発問を継起する。
③「なぜ」発問を考える立ち位置を示すために、それらの《問いの観点》に対応して、「○○（観察者・関係者・当事者）の立場で考えてみよう」と言い添える。

森才三（2015）「社会科授業における『なぜ』発問の実践方略―『問いの対象』と『問いの観点』に注目して―」全国社会科教育学会編『社会科研究』第70号, p. 23.

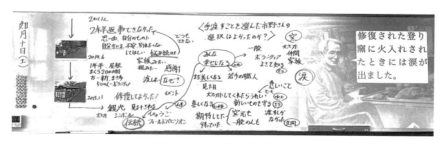

図7　4年生社会科の板書

登り窯」として復活させようという話がはじまってから2年半，なかなか「手渡す」という返事はできませんでした。子ども達はその気持ちに共感しながら考えます。最終的に市野さんは登り窯を手渡しました。その際，例えば，

A	「なぜ，登り窯を手渡したのか？」
B	「なぜ，登り窯を手渡すことができたのか？」

　同じ「なぜ？」発問で言葉が似ていても，意味が違ってきます。Aは行為に対する理由を，Bは出来事に対する背景や条件を考えることになります。Aは当事者の立場で主観的に考え，Bは関係者の立場で客観的に考えることになります。Aであれば，「これからのまちの活性化につながってくれたら嬉しいと思ったから」という子どもたちの予想が考えられます。Bであれば，「保証金がついてきたり，新しい窯を用意してもらえたりしたのではないか」という予想が考えられます。授業のねらいや子どもの学びの文脈によって変わるのでどちらがよいとは言えませんが，授業者が意味を理解し意図的に使用することが重要です（表5の①）。それを，「市野さんが，手渡した意図はなにか？」「市野さんは，どんな背景があって手渡せたのか？」など，「なぜ？」を「なに」「どんな」の問いに言い換えることを提唱しているのが表5の②です。そして，「市野さんの立場で考えてみよう」「登り窯修復実行委員や来客者の立場から考えてみよう」という風に，直接それぞれの立場に子どもたちを立たせようとするのが表5の③です。
　何気なく使っている発問に対して意識的になることで，子どもの科学的な理解や情意的な理解の幅が変わってくることを理解しておきたいです。

4　心理的な組織化

　よい発問を生み出す条件として，子どもたちの経験や，子どもたちの感じ

方や理解の仕方，価値観等に働きかける発問が考えられます。ここでは，子どもたちの心理面に働きかける発問について述べます。

(1) ゆさぶり発問

子どもたちの心理的葛藤を促す問いである「ゆさぶり発問」について，山崎林平（1976）は，次のように述べています。

ゆさぶり発問についての概念規定として，

子どもの常識的な解釈や集中，緊張の欠けた平板な授業展開に，問題を投げかけ，授業の中に変化をもたらし，緊張関係をつくり出す教師の意図的な働きかけである。

子どもたちの平板で皮想的な知識や考え方に，変革と飛躍をうながす働きかけである。

この二つに代表されると思う。ことばの相違は見られるが，本質は同じものと考える。前者は，授業に対して，後者は子どもに対してゆさぶりの対象をおいている。[6]

また，当時の実践家である氷上正における「ゆさぶり発問」のもっている要素として，次の6つを紹介しています。[7]

① 無知であることをさとらせるもの
② 否定的逆説な意味をもつもの
③ 意表をつき，はっとさせるもの
④ 変化と緊張をつくりだすもの

⑤　探究心をあおりたてるもの
⑥　思考に抵抗と対立を与えるもの

また，斎藤喜博（1979）は，「ゆさぶり」について次のように述べます。

　　緊張と集中を持ちながら，深く考え，その結果として，今まで自分は
わかっていたと思っていた子どもも，「ほんとうはわかっていなかった
んだなあ」と思い，別の世界に自分が入った喜びを持つようになってく
る。そういう体験を数多くしていくことによって，結果的に新鮮な子ど
もになる。我の強くない，新鮮な，ナイーブな，しかも強い子どもにも
なっていくわけです。

さらに，吉本均（1979）は，よい発問としてゆさぶり発問を肯定した上で，
次の2点を指摘します。

1　教師が「わざとうそをいう」ことで対立をつくるというあやまち。
2　「とにかく，ゆさぶればよい」「ゆさぶることはいいことだ」という心理
　主義的な理解のあやまり。

「ゆさぶり」という手法は，子どもたちがもつ理解や解釈に対して，単に
否定するのではなく，その理解や解釈が持つ限界や不完全さに気づきを与え，
思考をより高い次元に引き上げるために用います。子どもたちがもつ単純な
見解に対して疑問を投げかけることで，彼らの最初の理解をより深いものに
発展させることが可能です。
　言い換えれば，「ゆさぶり発問」は，子どもたちの思考を刺激し，学習内

6　山崎林平（1976）『社会科のゆさぶり発問』明治図書，pp.20-21
7　山崎林平（1976），前掲書，p.19

容をより深く，多角的に捉えるための授業設計に役立つ可能性をもっています。このアプローチは，授業の内容を理解する過程で子どもたちが自身の考えを再考し，より洗練された理解へと導くために重要です。「ゆさぶり発問」に関する詳細は第6章で論じていますので，そちらをご参照ください。

(2) 「知覚語」で問う

先述したように，有田和正の有名な発問に

> 「バスの運転手さんは，どこを見て運転していますか？」

という発問があります。

例えば，「バスの運転手さんは何をしている人ですか？」という質問は，子どもが既に知っている情報を引き出すものですが，運転手の職務について知らない子は答えられない可能性があります。しかし，「運転手さんはどこを見て運転していますか？」と問うと，子どもたちは直接目にするものに基づいて答えるため，より多くの反応を引き出すことができます。

宇佐美寛（1985）は，「経験された事実について詳細に具体的に語らせるためには，身分語ではなく，知覚語で発問すべきである」と提唱しました。

「身分語」とは「仕事」のように一般的な状況を示す語であり，「知覚語」とは「見る」「聞く」のような直接的な感覚を示す語です。

「運転手さんはどこを見ているか」と問うことによって，子どもたちは自らの経験を思い出し，より具体的でイメージ豊かな答えを提供するようになります。つまり，「知覚語」を用いることで，子どもたちは経験に基づいた事実を詳細かつ具体的に表現するように促されるのです。

(3) 感覚に働きかける

視覚や聴覚，触感などの感覚を刺激することで，学習時の発問をより直接的かつ具体的にすることが可能です。このアプローチの一例として「実物資

料」の活用があります。物理的なオブジェクトを目の前に置くことで，子どもたちは事実を直接観察しやすくなり，その情報を基にして豊かな想像を展開できます。

　例えば理科の授業では，植物の葉を子どもに直接触らせることで，「この葉はなぜこんなに大きいのだろう？」という問いを通じて，その生態系での役割について考察するきっかけを提供します。さらに，地元の岩石サンプルを教室に持ち込み，「この岩石は何からできていると思う？」や「どのようなプロセスでこの形になったのだろう？」と問うことで，子どもは地質学的な変化や成分について深く考えることができます。

　歴史の授業では，古い硬貨や地図を用いて，「この硬貨に描かれているのは何だろう？」や「この地図のこの地域は今とどう違う？」と問いかけることで，子どもたちはその時代の文化や地理的変化に思いを馳せます。

　音楽の授業では，さまざまな楽器の音を聞かせ，「この音はどの楽器から出ているの？」「どうしてこの楽器はこのような音を出すのだろう？」と問いかけることで，音の物理的特性や楽器の構造に対する理解を深めます。

　こうした実物資料を用いた発問により，子どもたちは見える事物から，それに関連するプロセスや概念，文化的背景までを結びつけて理解する能力を養います。

　さらに，実物資料は，子どもたちが自分の生活経験や体験と照らし合わせる際の参照点となり，様々な角度からの考察を促します。地元の鉱石を見せながら「この石はどんな用途で使われていると思いますか？」と問うことで，子どもたちは日常生活での石の使用例を思い浮かべ，その用途や重要性について考えるきっかけになります。実物資料を用いた具体的な発問の準備は，学習の質を向上させ，子どもたちの想像力と理解を促進するための重要な手段です。

〈参考文献〉
向山洋一（1985）『大きな手と小さな手をつないで　2年の学級経営』明治図書

有田和正（1992）『有田式指導案と授業のネタ　3巻』明治図書

宗實直樹（2021）『深い学びに導く社会科発問パターン集』明治図書

宗實直樹（2021）『社会科の「つまずき」指導術』明治図書

豊田久亀（1984）『社会科研究№264』「発問研究はどこまで進んでいるか」明治図書

文部科学省（2017）小学校学習指導要領解説社会編

佐伯胖・静岡大学教育学部附属静岡中学校（1991）『初発問—わかり合う授業の創造』明治図書

澤井陽介・加藤寿朗編著（2017）『見方・考え方社会科編』東洋館出版社

山崎林平（1976）『社会科のゆさぶり発問』明治図書

斎藤喜博（1979）『教師の仕事と技術』国土社

吉本均（1979）『学級で教えるということ』

宇佐美寛（1985）「再び「定石化」を疑う」『現代教育科学』明治図書

片上宗二（2013）『社会科教師のための「言語力」研究』風間書房

吉本均（1974）『訓育的教授の理論』明治図書

有田和正（1988）『社会科発問の定石化』明治図書

村田辰明　編　宗實直樹・佐藤正寿（2021）『テキストブック　授業のユニバーサルデザイン社会』一般社団法人日本授業UD学会

藤川大祐（1989）「『発問する』とはどういうことか」『授業づくりネットワーク№6』学事出版

渡辺雅子（2004）『納得の構造日米初等教育に見る思考表現のスタイル』東洋館出版社

吉川幸男，山口県社会科実践研究会（2002）『「差異の思考」で変わる社会科の授業』明治図書

北俊夫（1991）『ゆさぶりのある社会科授業を創る』明治図書

吉本均（1982）『ドラマとしての授業の成立』明治図書

落合幸子（1986）『発展発問の効果に関する教育心理学的研究』風間書房

吉本均（1986）『授業をつくる教授学キーワード』明治図書

藤岡信勝（1989）『授業づくりの発想』日本書籍新社

日台利夫（1981）『社会科授業技術の理論』明治図書

吉本均（1977）『発問と集団思考の論理』明治図書

大西忠治（1988）『発問上達法－授業つくり上達法ＰＡＲＴ２－』民衆社

田倉圭市（1982）『発問が集団思考を促しているか』明治図書

川上和美（1981）『教科別発問のしかた』「社会科の発問」あゆみ出版

築地久子（1991）『生きる力をつける授業』黎明書房

森才三（2015）「社会科授業における『なぜ』発問の実践方略—『問いの対象』と『問いの観点』に注目して—」全国社会科教育学会編『社会科研究』第70号

第 4 章

「発問」づくりの基礎基本

① 先人に学ぶ発問論
―『教育学講義速記録』より―

　私が所持する資料の中で「問い」に体系的に答えている最も古い記録は，1897年に谷本富が書いた『教育学講義速記録』だと認識しています。「1問答の種類」「2問答の形」「3良発問に必要な条件」「4発問の心得」「5答えについて」「6教師の態度」という項目に沿いながら20pにわたって谷本の論が展開されています。当時，どのようなことが問題にされていたのか，谷本の述べる内容を明記し，私の解釈も加えながら簡単に紹介します。

1　項目の説明

(1) 問答の種類

　谷本はまず，問答の種類を大きく5つに分類します。

1　探究的な問い

　子どもが既にもっている知識を確認し，それを基に授業を展開するための問いです。

2　開発的な問い

　日常で経験する事象を段階的に深め，一般的な原理に到達させるための問いです。

3　分割的な問い

　全体を細かく分けて，順を追って理解を深めるための問いです。このタイプは2の開発的な問いと相互に関連しています。

4　反復的な問い

　毎時間の復習としてではなく，これまで学んだ内容を集約して復習するための問いです。ここでは，学んだ内容を要約させることが重要です。

5 試験的な問い

これまでに学んだ内容をどの程度理解しているかを確認し，応用できるかを試すための問いです。これは次の授業に向けて重要であり，同時に教師が自身の教授法を振り返る機会ともなります。

これらの問いは，互いに補完しながら子どもの学習を促進するために使用され，子どもが知識を活用し，批判的思考能力を発展させるための基盤を築きます。このように，多様な問いは子どもの学習プロセスにおいて不可欠な役割を果たし，教育の質を高めるための重要なツールとなります。

(2) 問答の形

次に問答の形態についての分類です。

1 肯定，ならびに否定的形式

子どもが「はい」や「いいえ」で答えるだけの形式です。このタイプは極力避けるべきです。

2 離接的形式

「あの山は榛名ですか，妙義ですか？」のように，限られた選択肢から選ぶ形式です。榛名か妙義かが離，山は接となり，この問いでは思考力が育まれることはありません。

3 排遠的形式

「それはこれこれではないか？」と提示し，似ている選択肢を順番に排除していき，確かな答えにたどり着くための問いです。離接的形式と同様，補助的な問いとして適切に使用するとよいでしょう。

4 反詰的形式

教師が故意に逆の意見を提示して子どもを戸惑わせる形式です。これにより思考力が鍛えられます。同じ事柄を異なる角度から考察させる問いです。

5 儀式的形式

実質的な問答ではなく，「地球は毎日24時間どうしているか？」と尋ねる形式で，子どもに一部の言葉だけを発言させるやり方です。これは知識の確

認や理解度を深めるためには役立ちますが，力のある子どもにとっては繰り返し使用するべきではありません。

　全体として，これらの問答の形は，子どもの学習段階とニーズに応じて適切に使い分けることが重要です。教師は，子どもの知識レベル，思考の深さ，そして授業の目的に応じて，これらの問いをバランスよく組み合わせて利用することで，子どもの全体的な学習経験を強化することができます。

(3)　良発問に必要な条件

　良発問に求められる条件として，以下の4つを挙げます。

1　簡潔性

　簡潔な問いは子どもの注意を散漫にせず，的を絞った回答を引き出すのに役立ちます。必要以上に複雑または長い問いは，子どもを混乱させる可能性があります。

2　明確な目標

　問いが明確な目標を持つと，子どもはその問いにどのようにアプローチすればよいかを理解しやすくなります。また，教師自身も授業の目的に沿って問いを設計することができ，授業の流れをスムーズに保つことができます。

3　平易な言葉の使用

　複雑な専門用語や難解な言葉は避け，平易な言葉を使うことで，全ての子どもが問いの意図を理解しやすくなります。これは特に言語能力が発達途上にある子どもや，特定の専門用語に馴染みのない子どもにとって重要です。

4　論理的な順序

　問いを論理的な順序で進めることによって，子どもの思考を段階的に導き，より高い認識レベルへと引き上げることが可能になります。これは，子どもが情報を統合し，より複雑な概念を理解するのに役立ちます。

　これらの条件は，子どもの理解と参加を最大化するために重要です。よい発問は，学習の深化を促し，子どもが能動的な学習者として授業に参加することを可能にします。ただし，これらの条件は授業の文脈や子どもの特性に

応じて適応されるべきであり，柔軟性をもって適用されることが最も効果的です。

(4) 発問の心得

　発問の心得として次の３点を挙げます。これらのポイントは，授業を活性化し，子どもの参加を促進するために有効な指針です。

１　注意喚起と指名

　子どもの注意を集めた後で特定の子どもを指名することは，授業への集中を確実にし，子どもが発問に対して答える準備ができている状態を作り出します。これにより，発問への反応が迅速かつ関連性のあるものになります。ただし，指名された子どもだけでなく，クラス全体が関与するように，指名は公平に行うとより効果的です。

２　発問のタイミング

　発問のスピードは，授業のペースと子どもの参加度に直接影響を与えます。遅すぎる発問は授業の流れを損ね，子どもの関心を失わせる可能性がありますが，早すぎると子どもが適切に思考する時間が確保できません。適切なタイミングで発問することは，子どもが反応するための十分な考える時間を提供し，かつ授業のダイナミクスを維持することが重要です。

３　発問の分配

　子ども全員が授業に積極的に参加できるように，発問はクラス全体に均等に分配されるべきです。全ての子どもが参加し，発言する機会をもつことで，クラス内の活動的な学習環境を促進します。この分配は，子どもの個々の学習ニーズや能力レベルに合わせて調整する必要があります。

　総合すると，これらの発問の心得は，子どもの注意を引きつけ，授業への参加を促し，全員が等しく貢献できるようにするための基本的なガイドラインとして非常に有効です。教師はこれらの原則を柔軟に適用し，子ども一人ひとりの学びをサポートするよう努めるべきです。

第４章　「発問」づくりの基礎基本　87

⑸　答えについて
　子どもの答えに関する提案された３つの指針は，子どもたちの学習を深め，言語能力を向上させる上で重要な要素を含んでいます。
１　簡潔さ
　子どもの答えが簡明であることは，子どもが主題を理解し，重要性を正確に捉える能力を示すものです。簡潔な答えは，授業の流れを維持し，他の子どもが授業に参加しやすくなるため，教室の対話において望ましいとされます。
２　語学力の向上
　子どもの答えが語学の練習になるようにすることは，子どもの言語的表現力を養う上で重要です。このアプローチは，子どもが言葉の選び方や文法を意識しながら答えを用意することを奨励し，言語能力の向上に役立ちます。
３　個別化された対応
　子ども一人ひとりのニーズに合わせた個別の対応は，子どもの自信を育み，クラス内での成功体験を増やすために重要です。ためらいがちな子どもには簡単な問いを用意することで自信をつけさせ，注意散漫な子どもには一つのトピックに対して複数の角度から問いかけることで集中力を高めることができます。また，すぐに答えを言ってしまう子どもに対しては，先に書き出させることで深い思考を促すことができます。
　全体として，これらの指針は，子どもの言語能力を高め，個々の特性に応じた教育を行うために，教師が授業中に心がけるべき重要なポイントです。各子どもの能力を引き出し，学習経験を最大化するために，これらの方略を適切に適用することが求められます。

⑹　教師の態度
　教師の態度に関する以下の２つの指針は，教育の質を高め，子どもにとって安全で支援的な学習環境を確保する上で非常に重要です。

1 子どもが答えられない場合の教師の反省

子どもが答えることができない時，教師が自身の教授方法や課題の難易度を反省することは非常に重要です。これは，教師が子どもの理解度や学習ニーズに対する洞察を深め，必要に応じて教授戦略を調整する機会を提供します。教師が自身の方法を見直し，子どもの理解を促進するようなアプローチをとることは，子どもの学習成果を最大化するために不可欠です。

2 子どもの答えを笑わない

子どもの答えを笑うことは，子どもたちの自尊心を傷つけ，クラス内での安全な学習環境を損なう行為です。教師は，すべての答えを尊重し，肯定的なフィードバックを提供することで，子どもが自信をもって発言し，学習することを奨励すべきです。子どもが間違った答えを出した場合でも，教師はそれを学習の機会として利用し，正しい方向へ導くことが求められます。

これらの態度は，教師としてのプロ意識を示し，子どもが積極的に学び，成長するための基盤を提供します。教師が反省的で，全ての子どもを尊重する姿勢をもつことは，効果的な教育環境の鍵となります。

2 谷本の発問作成

谷本の発問論は，教師が問いかけることによって子どもの学習を深め，主体的な学びを促進することを目指しています。問答の形式や条件についての詳細な分析を通じて，教育者が効果的な問いかけを行う方法を示しています。また，教師の態度や子どもの答えに対する適切な対応も，子どもの学習環境を構築する上で重要な要素として強調されています。

以上を踏まえると，谷本が発問を作成する際に重視していた過程は，以下の5点だと考えられます。

(1) 教育的目的の明確化

谷本の発問作成においては，授業の目的や教育的な目標がはっきりしています。それぞれの発問が，何を達成しようとしているのか，どのような学習

第4章 「発問」づくりの基礎基本 89

成果を目指しているのかを明確にすることが重要視されていました。

(2) 子どもの理解度とニーズの評価

谷本は，子どもの既存の知識，興味，ニーズを理解することを基本としています。谷本は，発問の前に子どもの理解度を評価し，それに基づいて適切な発問を設計していたと考えられます。

(3) 論理的な構成と進行

発問を作成する際，谷本は論理的な思考の流れを重視していました。発問は段階的に子どもを新たな理解や洞察へと導くように設計され，知識の構築を支援していたと考えられます。

(4) 子どもの参加と思考の促進

谷本は，子どもが積極的に参加し，深く思考することを促す発問を重視していました。子どもが自ら考え，発言する機会を促すことで，より深い学習体験を促進することを目指しました。

(5) 反省と調整

授業の事実に基づいて，谷本は自身の発問を反省し，必要に応じて調整していました。谷本のアプローチは，教師が自身の教授法を継続的に評価し，子どもの反応をもとに改善することを重視していたと考えられます。

　総じて，谷本の問いを作る過程は，子どもを中心に置いた方法，教育目的の明確な定義，論理的な構成，そして教師の自己反省と柔軟な調整を大切にしていたと言えます。これらの要点は，子どもたちの学びの体験を豊かにする質問作りの土台として，現代においても非常に価値があると言えるでしょう。120年以上も前の論ですが，当時からこのように考えられ，実践と研究を深めようとしていた点に敬意を払うべきではないでしょうか。

〈参考文献〉
谷本富（1897）『教育学講義速記録』六盟館
谷本富（1907）『新教育講義』六盟館
谷本富（1908）『新教育者の修養』六盟館

2 発問づくりの基礎・基本とは

ここでは，発問づくりの基礎・基本としてのステップを解説していきます。

1 基礎・基本とは

「基礎」と「基本」は似ているようで異なる概念であり，それぞれが物事の学びや理解において重要な役割を果たします。これらの違いを簡単に説明すると以下のようになります。

基礎

「基礎」は知識や技能の本質的な部分を指します。これは，ある分野における初歩的な内容や，その分野を学ぶ上で最初に身につけるべき要素を意味します。

基礎は客観的に測定や比較が可能なものが多く，たとえば数学の基礎計算能力や言語の基本的な文法知識などがこれにあたります。

あらゆる学びや技能の発展の土台となります。基礎がしっかりしていると，その上にさらに高度な知識や技能を積み上げることができます。

基本

「基本」は認識や価値観，原則などを指します。これは，ある分野において中心的な考え方や行動の基準を形成します。

基本は主観的な要素を含みがちで，人によってその理解や適用の仕方が異なることがあります。たとえば，スポーツの基本技術や職業倫理の基本原則などがこれに該当します。

基本は，特定の活動や分野における行動のガイドラインや哲学を示します。基本を理解し，実践することで，その分野における適切な行動や高度な技術

の習得が可能になります。

　基礎と基本はバラバラに考えるというよりも，相互に依存していると捉えたほうがよいです。しっかりとした基礎があってはじめて，基本を適切に理解し実践することができます。学習や技能習得の過程において，基礎を学びその上で基本を理解し実践することが，より高度な学習や技能の発展につながります。

　たとえば，スポーツにおいて「基礎体力」は基本的な運動能力を指し，これがあって初めて「基本技術」（正しいフォームや戦術など）を習得し，競技に活かすことができます。学校教育において，読み書き計算などの学習スキルが「基礎」となり，これに基づいて複雑な問題を解決するための「基本原則」を理解し応用する能力を身につけます。

　このように，「基礎」と「基本」はそれぞれ独自の役割をもち，一つの分野を深く理解し，その中で成長していくために重要な概念です。基礎は木で例えるならば根の部分にあたる，目には見えない「本質的なことがら」（ある分野や技能において最も根本的・核心的で必要不可欠な知識や技能）のことで，基本は「全体のもとになっているもの（目に見える全体像）」（その分野や活動全体を理解するための基本的な原則や概念）と捉えるとよいでしょう。

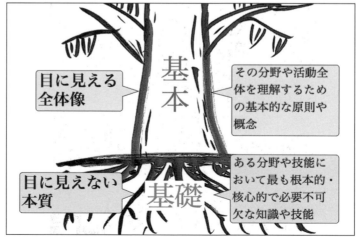

図1　基礎基本

2 発問づくりの基礎・基本

では，発問づくりの基礎・基本とは何でしょうか。

発問づくりにおける「基礎」とは，効果的な質問を作成するために必要な本質的な知識や技能を指します。これには，発問の目的を理解すること，発問の機能や異なるタイプの発問（開かれた発問と閉じた発問）の違いを知ること，発問の明確さや簡潔さを確保する技術などが含まれます。

発問づくりの「基本」とは，発問を作成し使用する際の基本的な原則やアプローチを指します。これには，発問が教育的な目的や授業の目標とどのように整合するか，発問が子どもの関わりや思考をどのように促進するか，授業の特定の段階で適切な発問を選ぶための全体像を示すガイドラインなどが含まれます。

前述した谷本の論から考えられる発問づくりの5点も含め，以上を踏まえた発問づくりについて5つのステップで説明していきます。

3 発問づくりの5つのステップ

```
1  学習指導要領を読む
2  教材研究をする
3  子ども研究をする
4  本時の授業の流れを構成する
5  発問する際の技術を確認する
```

となります。

これらのステップは，効果的な発問を作成し，教育的な目標を達成するための枠組みです。各ステップにおいて重要なのは，教師が教材，子ども，授

業の目標を深く考え，それぞれの要素を関連づけ，統合しながら質の高い発問を作成することです。

　一つずつ順に解説します。

1　学習指導要領を読む

■指導要領を読み込み単元の全体像をとらえる（単元レベル）

　指導要領を通じて，単元全体の目標や学習の流れを理解します。この理解は，個々の授業が全体の目標にどのように位置するのか，全体像を把握することにつながります。

　ただ，指導要領は簡単に読めるものではありません。日々の業務に追われて，学習指導要領を開いてじっくり読む時間がとれないというのが正直な現状でしょう。さらに，読み方がわからないという難しさもあります。

　学習指導要領はある一定のパターンで記述されているものが多いので，読み方がわかれば時間も短く読めるようになってきます。

　社会科を事例に説明します。

学習内容

(3) 地域の安全を守る働きについて，学習の問題を追究・解決する活動を通して，次の事項を身に付けることができるよう指導する。

　ア　次のような知識及び技能を身に付けること。

　　知識

　　(ｱ)　消防署や警察署などの関係機関は，地域の安全を守るために，相互に連携して緊急時に対処する体制をとっていることや，関係機関が地域の人々と協力して火災や事故などの防止に努めていることを理解すること。

　　調べ方(技能)

　　(ｲ)　見学・調査したり地図などの資料で調べたりして，まとめること。

　イ　次のような思考力，判断力，表現力等を身に付けること。

　　見方(視点)

　　(ｱ)　施設・設備などの配置，緊急時への備えや対応などに着目して，関係機関や地域の人々の諸活動を捉え，相互の関連や従事する人々の働きを考え，表現すること。

　　考え方(思考)

　　を通して

図2　学習指導要領の読み方

（小学校学習指導要領（平成29年告示）解説をもとに筆者作成）

図2は，3年「地域の安全を守る」の学習内容である。「身に付けること」として，アの(ア)には「知識」，(イ)には「技能」が明記されています。イの(ア)には「着目する視点」や「思考力，判断力，表現力等」が明記されています。その順番を組み替えれば学習指導要領に対応したねらいをつくることができます。

> 「（学習内容）について，（見方）に着目して（調べ），（思考）を通して，（知識）を理解できるようにする。」

という形になります。
　具体的にすると，次のようになります。

---

①　地域の安全を守る働きについて，（学習内容）
②　施設・設備などの配置，緊急時への備えや対応などに着目して，（見方）
③　見学・調査したり地図などの資料などで調べたりしてまとめ，（技能）
④　関係機関や地域の人々の諸活動を捉え，相互の関連や従事する人々の働きを考え，表現すること（思考）を通して，
⑤　消防署や警察署などの関係機関は，地域の安全を守るために相互に連携して緊急時に対処する体制をとっていることや，関係機関が地域の人々と協力して火災や事故等の防止に努めていること（知識）を理解できるようにする。

　このように，学習指導要領を読むことで学習内容を絞り，単元のねらいを明確にすることができます。

■本時のねらいを絞る（本時レベル）

　ねらいが抽象的であれば，子どもたちは何を学んだのかがわからなくなります。そこで，本時の授業の最後に子どもがどのような言葉を発言したり，書いたりできればよいのかを具体的に考えます。それが本時のねらいとなります。つまり，授業のゴールを子どもの発言レベルで想定しておくことが重要です。

　たとえば

　「平行四辺形は三角形と長方形に分けられるので，面積は今までに習った三角形や長方形の面積の求め方を使って求められます。」（算数）
　「この説明文は，筆者の主張が最後にあるので尾括型の説明文になっています。筆者の主張は〜という部分です。」（国語）
　「沖縄に住む人々は，サトウキビを多く栽培しています。サトウキビは，高い気温や湿度を好み，風で大きく曲がっても生長を続けていくからです。」（社会）

　これらは本時で獲得させたい知識です。つまり，その授業のゴールとなります。授業のゴールを子どもの発言レベルで想定しておくことで本時のねらいが明確になり，曖昧な授業になることを防ぐことができます。また，ゴールが明確に示されるので，そのゴールに至るまでのプロセスもそこで使用する発問もシンプルな形となります。

　授業を設計する際，まずは教師が子どもになったつもりでまとめやふり返りの言葉を考え，実際に書くことが重要です。このように，学習内容を焦点化し，ねらいを明確にするからこそ，具体的な発問を設計する際の方向性が定まります。また，学習中や学習後に教師が正しく評価ができるようになります。

2 教材研究をする

教材を深く理解し、それをどのように活用するかを考えます。教材の内容や構成が発問の設計に大きく影響を与えます。発問を機能させるのが教材です。教材をもとに、単元の学習問題や本時の問いを設定します。これらの問いは、子どもの関心を引き出し、学習目標達成に向けた活動を促します。

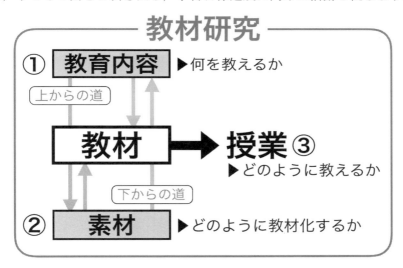

図3　教材研究とは

（社会科における「学習問題」や「本時の問い」の立て方の詳細は『宗實直樹の社会科授業デザイン』をご参照ください。）

教材研究は幅広い捉え方があるため、定式化していくのは簡単ではありません。図1のように整理すると、大きく3つの視点で考えられます。

① 何を教えるか
② どのように教材化するのか
③ どのように教えるのか

です。

■何を教えるか

　「何を教えるのか」は，教育内容を吟味することです。つまり，概念等に関わる知識や法則，原理などであり，学習の目標としているものです。この教育内容と素材が結びつくことで教材になります。教材研究において学習の目標を明確にすることで，その目標に向けて効果的な発問を作成できます。知識，法則，原理などに関する発問は，子どもが重要な概念を理解することにつながります。

■どのように教材化するのか

　「どのように教材化するのか」は，素材をどのようにして教材にしていくかを組織することです。方法は，藤岡信勝（1991）が提唱する「上からの道」と「下からの道」があります。「上からの道」は教育内容の教材化で，組織的・系統的な方法です。学習指導要領のねらいに即して素材を探し，結びつけるという感じです。「下からの道」は素材の教材化で，非組織的方法です。直感的に「おもしろい」と思う素材を見つけて，それに教育内容を結びつけていくという感じです。いわゆる「教材開発」はここにあたります。

　教材開発とは，「見えないもの」を見えるようにしていく教師の営みのことです。そう考えれば，教材開発を行うときにまずは「見えないもの」が何なのかを考える必要があります。「見えないもの」は，先に述べた概念等に関わる知識や法則，学習の目標などです。それらが見えるようなったものが「教材」です。教材は，教育内容を内在し，「見えないもの」を見えるようにするための手段的存在でもあります。「見えないもの」を見えるようにするための教師の働きかけが「発問」と捉えることができます。教材を開発したり適切に選んだり，それを教育内容に組み込むことによって，発問はより関連性が高く，理解しやすくなります。「上からの道」と「下からの道」のアプローチに基づき，体系的な発問や子どもの興味を引く発問が可能になります。

■ どのように教えるのか

「どのように教えるのか」は，教材を授業の中で教える方法を考えることです。扱う資料や発問の吟味，板書の計画など，学習活動の構想を行います。そこには子どもの見取りや評価なども含まれます。教材をどのように授業に取り入れるかを考えることで，授業の流れや発問のタイミングがより効果的になります。資料の活用や板書の計画など，授業での学習活動を充実させるための発問を考えることができます。

　教材研究を通じて，授業内容に直接関連する発問を作成できます。これは子どもの理解を深め，学習の目標に直結します。また，教材の魅力的な側面を活かすことで，子どもの興味や好奇心を刺激する発問が可能になります。さらに，子どものニーズや関心に応じて，発問のアプローチを柔軟に調整することができます。つまり，教材研究は，教師が授業でどのような発問をすべきかを決定する上で，基盤となるプロセスです。教材の適切な選択と分析は，子どもが学習内容を深く理解し，授業に積極的に参加するための鍵となる発問を導き出すために不可欠です。

3　子ども研究をする
■ 子どもの「個人差」

　子どもには「個人差」があります。その捉え方は様々です。文科省（当時は文部省）が1984年に出した『個人差に応じる学習指導事例集』では，個人差について次のように示しています。

---

(1)　到達度としての学力差

(2)　学習速度，学習の仕方の個人差

(3)　学習意欲，学習態度，学習スタイルの個人差

(4)　興味・関心の個人差

(5)　生活経験的背景の個人差

また，全国教育研究所連盟が同じく1984年に出版した手引き書，『個別化教育の進め方』の中で，個人差を次の様に示しています。

---

(1)　**進度差**

(2)　**到達度差**

(3)　**学習スタイル差**

(4)　**興味・関心差**

　そして，進度差や到達度差，習熟度差を「学力的な個人差」の概念，学習スタイルや興味・関心を「個性的な個人差」の概念に大別しています。進度差，到達度差を「量的な個人差」，学習スタイル差，興味・関心差，生活経験差などを「質的な個人差」として捉えることができます。

■子どもの「見取り」

　子どもの個人差を捉えるには，子どもを見取っていくしかありません。

　「見取る」ということは，その子の外に出る『表現』という事実を通じてその子の世界に近づきその子の内面を理解しようとすること，その子の学びの現状をさぐり，その子の生き方や学びのあり方を確かなものにしていくことだと考えます。

　子どもの思考や感情は子どもの内面の動きなので目には見えにくいです。外面に表れた事実を根拠とする必要があります。例えば，

言語的	非言語的
ノート（記述）	しぐさ
端末（記述）	姿
発言	表情
つぶやき	目線
日記	態度
作文	作品（製作過程も含む）

などが考えられます。

　授業は文化内容の継承と発展ですから，その教科の本質的な目標や内容を捉える「教科の論理」が必要です。しかし，子どもの問題意識を欠いてしまった目標は意味をなしません。子どもがどこに学ぶ価値を感じるのか，教師が子どもの側から捉える「子どもの論理」が必要です。今現在の目の前の子どもたちの問題意識や興味・関心は何なのかをしっかりと把握した上で教材研究を行う必要があります。「教科の論理」と「子どもの論理」のバランスを考えることが重要です。そして，学習を進めていく中で，子どもの思考の動きに合わせて教師は目標や内容を再度吟味し，よりよいものにしていこうとする柔軟さが必要です。

　子どもの学びの様子は刻々と変化します。その子どもの学びを受けとめる器を大きくするために，教材研究を進めます。器が大きければ大きいほど，一人ひとりの子どもの学びに対する手立てや支援が行いやすくなります。つまり，子どもの「見取り」があってはじめてよりよい学びのカタチが成り立ち，子どもたちは安心して学びを進めることができるのです。

　具体的な方法として，図4のように私は主に3人の子を中心的に見ています。全員見ることを前提としていますが，ただぼんやりとしか見えないことがあります。そこで，まずは3人の記録をとり，子どもを見る眼の解像度を上げるようにしています。3人の子を特に詳細に見て記録をとり，折に触れ記録を整理し，その子の得意や様子をまとめます。

Aさん	Bさん	Cさん
・具体的な根拠を探しながら追究する。 ・常に仮説を立てて考えようとする。 ・「なぜなら」と理由づけをしながら説明ができる。 ・物事を結びつけながら考え問題解決しようとする。 ・学んだことを自分の生活と関連づけようとする。	・「たとえば」という言葉をよく使い演繹的な思考が得意。 ・「具体」を徹底的に追究することを好む。 ・歴史的な内容になると興味が膨らむ。 ・訊き合いながら追究する傾向がある。 ・社会的問題について敏感に反応する。	・他者とやりとりしながら学ぶと理解しやすい。 ・抽象化する帰納的な思考は苦手。 ・目に見える具体的事実をもとに考えることが得意。 ・言葉で聞くことよりも動画や画像などの方が視覚的に理解しやすい。 ・直感的に発言する。

図4　中心的に記録をとった3名

　このように見ていくと，演繹的な思考が得意な子，帰納的な思考が苦手な子，常に仮説を立てながら考える子など，その子の思考の癖や得意，不得意が見えてきます。このような子ども一人ひとりの個人差を理解することで，目の前の子どもに即した発問を設計できます。子どもの思考の得意，不得意を考慮し，それに合わせた発問を作成することができます。学級全体の傾向を捉えて考えることもできます。まずは「個」の理解からです。

　また，発問した際に一般的に想定される子どもの反応や，目の前の「この子」だからこそ想定される反応を，具体レベル（子どもの言葉）で考えることが，より豊かな授業につながります。

　この「子ども研究」を4番目にもってきていますが，場合によってはこの項目を1番に考える必要もあります。子どもの見取りからつくる発問の詳細は，7章160p～をご参照ください。

4　本時の授業の流れを構成する

■授業の段階に応じた発問

　本時を授業過程によって大きく分ければ，「導入」→「展開」→「終末」の３場面に分けることができます。社会科では，次のような感じです。

「導入」—子ども達が社会的事象と出合い，本時の問いを設定する場面

「展開」—子ども達が調べたり，調べて分かったことから考えたりする場面

「終末」—本時の問いの答や自分の考えをまとめたり，さらに発展的に考えたりする場面

　その授業の各段階（導入，展開，終末）に適した発問を考えます。

　たとえば，社会科では次のようなものが考えられます。[1]

【「導入場面」での発問】
①○○について知っていることは何か
　▶興味や関心を引き出す発問
②何が見えるか
　▶資料を読み取らせる発問
③どちらが正しいと思うか
　▶クイズから入る発問
④これは何だと思うか
　▶「モノ」から考えさせる発問
⑤何がかくれているか
　▶考えさせたい部分を焦点化する発問
⑥どこの〜か
　▶場所に焦点を当てさせる発問
⑦どのように変化したか？
　▶比較を通して問題を把握させる発問
⑧○○さんは、なぜ驚いたと思うか
　▶一人の驚きを周りに広めて「問い」をつくる発問
⑨どんな〜がふさわしいか
　▶ゴールを見通す発問
⑩だれが〜にふさわしいか
　▶自己決定を促す発問

【「展開場面」での発問】
①どのように〜か
　▶事実を捉えさせる発問
②なぜ〜か
　▶目に見えないものを見いだす発問
③〜であるのになぜ〜か
　▶何が問題かを明確にする発問
④どこからそう考えたのか
　▶理由や根拠を引き出す発問
⑤つまりどういうことか
　▶帰納的思考を促す発問
⑥例えばどういうことか
　▶演繹的思考を促す発問
⑦〜の立場で考えるとどうか
　▶多角的に考えさせる発問
⑧〜に賛成か　反対か
　▶自分の立場を決め判断させる発問
⑨〜するべきか
　▶自分の立場を決めて意思決定させる発問
⑩○○はなくてもいいのではないか
　▶よさや価値を引き出す発問
⑪もし〜ならどうか
　▶仮定的に思考させる発問
⑫本当に〜と言えるのか
　▶深く考え追究意欲をもたせる発問
⑬どんなことを思いながら〜しているか
　▶人の感情に寄り添う発問
⑭○○さんが言おうとしている続きが言えるか
　▶共有化を促す発問
⑮今捨てられたら困る人はいるか
　▶共有化を促す発問

【「終末場面」での発問】
①どのような内容にすればよいか
　▶単元として深まりを出させる発問
②〜を見ていくと何がわかるか
　▶全体像を捉えさせる発問
③○○さんと○○さんはどんな会話をするか
　▶それぞれの認識を深めさせる発問
④自分には何ができるのか
　▶選択・判断を促す発問
⑤今日のキーワードは何か
　▶学習をまとめさせる発問
⑥〜は何か
　▶本質を捉える発問
⑦○○と○○を比べて「違い」と「同じ」は何か
　▶比較して異同を見つけさせる発問
⑧これは〜だけに言えることか
　▶一般化を促す発問
⑨○○ではどうだろうか
　▶他に考えを広げさせる発問
⑩〜と同じように言えることはあるか
　▶適用させる発問

宗實直樹（2022）『深い学びに導く社会科新発問パターン集』明治図書

図5　各段階（導入，展開，終末）に適した発問

1　それぞれの発問の詳細や具体例，授業の展開例は，『深い学びに導く社会科新発問パターン集』をご参照いただきたい。

様々なパターンが考えられますが，一般的に導入部では興味を引く発問，展開部では深い理解を促す発問，終末部では学習のまとめやふり返りを促す発問などが適しているでしょう。

■授業の流れを構成する
　各段階の発問がスムーズに連続し，全体の流れを自然に導くようにします。たとえば，社会科授業の本時では，次のような形で構成されることが多くなります。
　当然この中にも補助発問的なものが含まれますが，大まかな骨組みを組んで流れを捉えていくことが重要です。

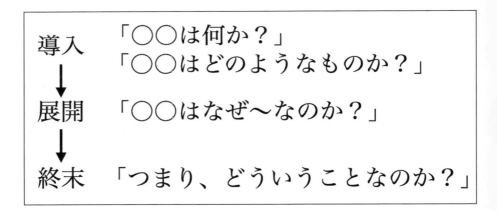

5　発問する際の技術を確認する
　発問する際，教師がもっておくべき技術があります。たとえば第2章36pでも説明した図6のようなものです。

明確	あいまいな言葉を使わない △「〜についてどう思うか?」
単純	一つの事柄だけにする △「この物語を要約して、登場人物の性格を比較するには?」
発展	価値判断、解釈、因果関係、説明 △「これは何ですか?」「これはだれですか?」
具体	抽象的な表現を避ける △「戦後日本の資料を読んで、どう感じましたか?」
的確	学習目標に合うものを △「定規は何でできていますか?」

平井昌夫・大槻一夫・土田茂範他 (1961)『発問と助言』明治図書, pp.20-21を参考に宗實が作成

図6　よい発問の条件(例)

次のような発問の仕方,つまり,子どもへの言葉かけの技術もあります。[2]

・聞きぐるしくない性質の声で話す。

・その場に応じた高さと強さの声で話す。

・はっきりした,正しい発音で話す。

・一般に通ずるアクセントやイントネーションで話す。

・正しいコトバ,わかりやすいコトバで話す。

・よいコトバ,美しいコトバで話す。

・いきいきとして,自信のある態度で話す。

・なごやかで,率直な態度で話す。

・内容が正確に伝わるように話す。

・話の目的や話の場面にふさわしいように話す。

その他,タイミング,明確な表現,非言語コミュニケーション等も考えら

2　平井昌夫・大槻一夫・土田茂範他 (1961)『発問と助言』明治図書, p.23

れます。発問の本質的な部分ではないかと思いますが，教師の話し方によって子どもに発問が届かなければ意味がありません。「えー・あー」「えーっと」といった無意味なつなぎ言葉である訥弁（とつべん）をできるだけ減らそうと普段の話し方を意識するだけでも違います。プロ教師として，このような細部にも日常的に意識し，うまくいかない時は反省的にふり返り，磨いていくべきだと考えます。[3]

　教師の発問技術は，単に正確な情報を子どもに提供するだけでなく，子どもの興味を引き，参加を促し，思考を深めるためにも不可欠です。教師の声の使い方や話し方，そして発問のタイミングといった技術は，授業の成功に直接影響します。これらの技術を磨くことは，子どもが内容を理解しやすく，授業に積極的に関与するための土台を築くことに他なりません。

〈参考文献〉
宗實直樹（2021）『宗實直樹の社会科授業デザイン』東洋館出版社
佐藤正寿監修・宗實直樹編著（2022）『社会科教材の追究』東洋館出版社
藤岡信勝（1989）『授業づくりの発想』日本書籍新社
平野朝久（1994）『はじめに子どもありき』学芸図書
長岡文雄（1975）『子どもをとらえる構え』黎明書房
宗實直樹（2021）『深い学びに導く　社会科新発問パターン集』明治図書
青木幹勇（1966）『国語科の授業研究1　よい発問わるい発問』明治図書
平井昌夫・大槻一夫・土田茂範 他（1961）『発問と助言』明治図書

3　発問に限らず，教師の話し方やその他の基礎技術については大西忠治（1987）『授業つくり上達法』民衆社や木原健太郎編，辻畑信彦・荒木隆（1983）「よい授業を創る教え方の基礎技術」明治図書などが参考になります。

第5章

見方・考え方を働かせる
発問のつくり方

1 見方・考え方とは

1 見方・考え方を働かせる

「見方・考え方」について社会科を例にして説明します。

(1) 社会的な見方・考え方

社会科発足以来,「社会的な見方・考え方」の捉え方は様々でした。表1のように,学習指導要領上での明記の仕方もそれぞれ違っていました。

表1 「見方」「考え方」の変遷

昭和２２年版 (試案)	物の考え方
昭和２６年版 (試案)	物の見方考え方
昭和３０年版	様々な形で「考え方」という表記
昭和３３年版	社会生活に対する正しい見方、考え方の基礎
昭和４３年版	※記述なし
昭和５２年版	※記述なし
平成　元年版	社会的なものの見方や考え方
平成１０年版	社会的なものの見方や考え方
平成２０年版	社会的な見方や考え方
平成２９年版	社会的な見方・考え方

澤井陽介・加藤寿朗（2017）『見方・考え方　社会科編』東洋館出版社を参考に筆者作成

「社会的な見方・考え方」に似たような表記は昭和22年版の学習指導要領

からありました。「社会的な見方や考え方」と表記されたのは平成20年版学習指導要領からです。以下のように示されていました。

「社会科，地理歴史科，公民科においては，その課題を踏まえ，小学校，中学校及び高等学校を通じて，社会的事象に関心をもって多面的・多角的に考察し，公正に判断する能力と態度を養い，社会的な見方や考え方を成長させることを一層重視する方向で改善を図る。」

しかし，「社会的な見方や考え方」が何なのか，その定義は明確に示されていませんでした。そのため，「社会的な見方や考え方」の捉え方が人によって様々でした。「見方」は「概念」で「考え方」は「価値」とされる方。「見方」は「事実」で「考え方」は「概念」とされる方。などです。

それが，今回の小学校指導要領（平成29年告示）解説　社会編では，以下のように「視点や方法」であるとはっきりと定義されました。

「社会的な見方・考え方」は，課題を追究したり解決したりする活動において，社会的事象などの意味や意義，特色や相互の関連を考察したり，社会に見られる課題を把握して，その解決に向けて構想したりする際の「視点や方法」である。

また，

小学校社会科においては，「社会的事象を，位置や空間的な広がり，時期や時間の経過，事象や人々の相互関係などに着目して捉え，比較・分類したり総合したり，地域の人々や国民の生活と関連付けたりすること」を「社会的事象の見方・考え方」として整理し，（以下略）

とも示されました。

つまり，「社会的な見方・考え方」は，社会科という教科ならではの学習の仕方，追究の仕方であり，方法的な側面に焦点をあてた方法概念であると

第5章　見方・考え方を働かせる発問のつくり方　109

捉えることができます。「社会的な見方・考え方」は育成されるべき資質・能力ではなく，授業改善の視点であるということです。

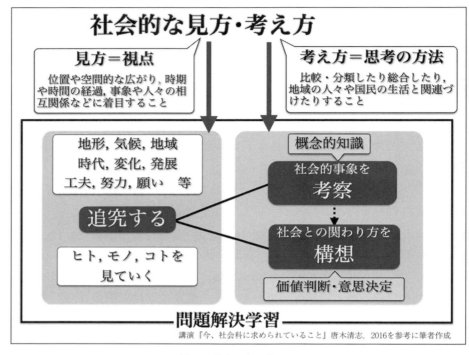

図1　見方・考え方とは

(2) 見方・考え方を「働かせる」とは

社会的な見方・考え方を「働かせる」とは，空間的な視点，時間的な視点，関係的な視点に着目して「問い」を設け，比較や分類，関連付け等の思考を経て，社会的事象の様子や仕組みなどを捉えることです。働かせるプロセスの節目に「問い」が存在します。簡単に言えば，子どもたちが

> 何に着目してどのような「問い」を設け，どのように考えるのか

ということです。

図2のように、着目する視点を定めることで子どもたちは社会的事象を具体的に見られるようになり、考えるべき箇所に焦点をあてることができます。そして、その視点をもとに考えることが「社会的な考え方（追究の方法）」と捉えることができます。具体的な問いの例は表2に示す通りです。

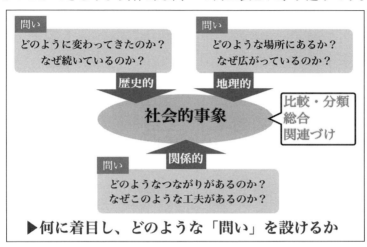

図2　視点と問い

表2　視点と問いの具体例

「視点」	考えられる「問い」の例
地理的 位置や空間的な広がりの「視点」	○どのように広がっているのだろう？ ○なぜ、この場所に集まっているのだろう？ ○地域ごとの気候は、どのように違うのだろう？　など
歴史的 時期や時間の経過の「視点」	○いつ、どのような理由で始まったのだろう？ ○どのように変わってきたのだろう？ ○なぜ変わらずに続いているのだろう？　など
関係的 事象や人々の相互関係の「視点」	○どのような工夫や努力があるのだろう？ ○どのようなつながりがあるのだろう？ ○なぜAとBの連携が必要なのだろう？　など

澤井陽介・加藤寿朗編著（2017）『見方・考え方　社会科編』東洋館出版社を参考に筆者作成

また，図4のように，社会的事象を「地理的」「歴史的」「関係的」に見て捉え，考察，構想することで思考力や判断力が養われます。

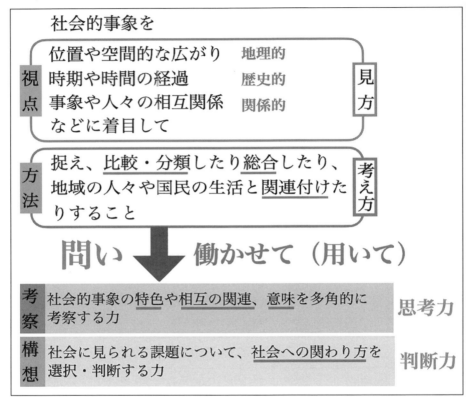

図3　見方・考え方を働かせる問い

　では，「特色」「相互の関連」「意味」「社会への関わり方」とは何でしょうか。「特色」は社会的事象の特徴や傾向，よさとして捉えることができます。「意味」は，社会的事象の生活に果たす役割，影響として捉えることができます。「相互の関連」は事象と事象のつながりや関わりとして捉えられます。「社会への関わり方」は社会のあり方や自分たちにできることと捉えることができます。それぞれの具体例は，図4〜7に示す通りです。

　これらがわかれば，何に対して考察，構想するべきかが明確になります。

| 考察 社会的事象の特色や相互の関連、意味を多角的に考察する力 | 思考力 |

特色▶社会的事象の特徴や傾向、よさ

縄文時代の特徴　　　スマート農業のよさ

図4　社会的事象の特色

| 考察 社会的事象の特色や相互の関連、意味を多角的に考察する力 | 思考力 |

相互の関連▶事象と事象のつながりや関わり

関係機関の協力　　　産業と情報

図5　社会的事象の相互の関連

| 考察 | 社会的事象の特色や相互の関連、意味を多角的に考察する力 | 思考力 |

意味 ▶社会的事象の生活に果たす役割、影響

消防署の役割　　　　高齢化の影響

図6　社会的事象の意味

| 構想 | 社会に見られる課題について、社会への関わり方を選択・判断する力 | 判断力 |

社会への関わり方
▶社会のあり方や自分たちにできること

ごみの減量　　　　　　　　災害への備え

図7　社会への関わり方

2 見方・考え方の成長

「社会的な見方・考え方」は育成されるべき資質・能力ではなく，授業改善の視点であり，子どもが働かせるべきものです。ただ，「社会的な見方・考え方」は，働かせるものであると同時に，使いながら鍛えられ，洗練させ，より豊かにしていくべきものと考えます。

もともと子どもたちは「社会的な見方・考え方」を全くもっていないわけではなく，既有の「社会的な見方・考え方」を駆使して問題解決を行っています。「社会的な見方・考え方」を「社会を見る眼鏡」とたとえると，その眼鏡の精度がよりクリアになることで，子どもたちが社会的事象をより豊かに見られるようになると考えます。クリアになることが，表3，表4のような「多面化」「多角化」「一般化」「具体化」だと捉えます。そして，その眼鏡はその子の眼そのものになっていくような感じです。人の「見方・考え

表3　見方・考え方の成長

多面化	地理的＋歴史的・関係的 歴史的＋地理的・関係的
多角化	市民＋行政 権力者＋農民
一般化	販売活動＋農業・工業 自然条件＋水産業・工業
具体化	販売の工夫1＋販売の工夫2 協力関係1＋協力関係2

村田他編著（2019）『実践！社会科授業のユニバーサルデザイン　展開と技法』東洋館出版社を参考に筆者作成

方」は常に更新されていくものです。

表4　見方・考え方の成長例

多面化	消防署のはたらきについて、緊急時の対処をするという役目からしかとらえていなかった子どもが ➡未然の防止をするという役目からもとらえることができる。
多角化	安全なくらしの実現について、消防署や警察署の人が守ってくれるという市民の立場からのみとらえていた子どもが ➡事故や事件を防ぐために自分にもできることはあるという地域の一員としての立場からもとらえることができる。
一般化	ごみ処理は市民と行政が協力して行っているととらえていた子どもが ➡火事や事故の防止も、消防署や警察署と市民が協力しているととらえることができる。
具体化	警察署の未然の防止活動について、パトロールしか例を挙げられかった子どもが ➡交通安全教室やポスターなども例にしながら説明することができる。

村田他編著（2019）『実践！社会科授業のユニバーサルデザイン　展開と技法』東洋館出版社を参考に筆者作成

〈参考文献〉

文部科学省（2017）小学校学習指導要領解説社会編

澤井陽介・加藤寿朗編著（2017）『見方・考え方　社会科編』東洋館出版社

村田他編著（2019）『実践！社会科授業のユニバーサルデザイン　展開と技法』東洋館出版社

宗實直樹（2021）『宗實直樹の社会科授業デザイン』東洋館出版社

② 見方・考え方を働かせる発問

1 教科共通の考え方

　見方・考え方を働かせる発問として,「教科共通の考え方」と「教科特有の考え方」があると感じます。まずは,教科共通の考え方として,比較,総合,関連づけ等について説明します。

(1) 比較する発問

　最も多く使用される思考法の一つとして「比較」が挙げられます。「比較」とは,簡単に言うと「２つ以上のものの違いを知ること」です。ものごとをある基準で見たときに,どのような違いがあるのかがわかることです。たとえば「部屋の中の机の上にあるりんごは大きい,床にあるりんごは小さい」という事例は,「大きさ」という基準で比べています。「床にあるりんごは,机の上にあるりんごより小さい」とも言えます。「小さい」と判断できるためには,比較するものがなければなりません。

　つまり,比較することで,ものごとの類似点と相違点が見つかります。一般的なものと個別的なものに分けることができます。ものごとの本質を理解し,認識をより深めるために,「比較」は有効な思考法となります。たとえば社会科授業において比較学習は,社会的事象のもつ特殊性と一般性とを認識させ,科学的に思考させていく学習過程に位置づけられています。

　４年生国語「プラタナスの木」の学習で,「変わったものと変わらないものは何があるのだろう？」と問いました。

子どもたちはそれぞれ意見を出し合います。話し合いを進めていくうちに「目に見えるものは変わったけど，目には見えないものは変わらない」ということに気づき，自分たちの生活に引き寄せることもできました。比較することで見えてくるものが多くあります。

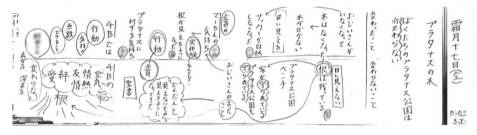

図１　４年生国語「プラタナスの木」の板書

(2)　総合する発問

　総合する発問は，複数の要素や視点を総合して結びつけ，より広範な理解を深めることを目的とします。

　「多くの出来事があったけど，つまり戦争が国民に与えた影響は何ですか？」

　「物語を読み進めてきましたが，つまりごんはどんなきつねなのですか？」

　「たしたり引いたりしていたみんなの考え方をまとめると，つまりどのような解き方が最もこの場合には適していますか？」

などが考えられます。「つまり〜」は抽象化し，帰納的思考を促す発問です。

　逆に，「たとえば〜」は具体化し，演繹的思考を促す発問です。具体化と抽象化を繰り返すことで子どもの思考力は鍛えられます。

　子どもの発言の後，教師が意図的に「たとえば？」「つまり？」と問うことで，子どもの演繹的思考と帰納的思考が促されるでしょう。

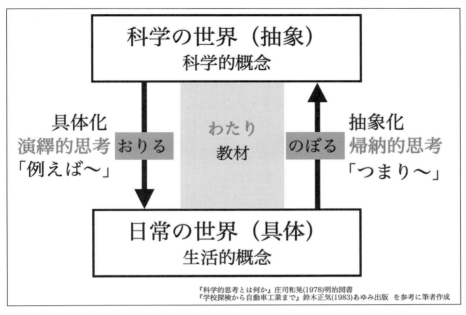

図2　演繹的思考と帰納的思考を促す問い

(3) 関連づける発問

　関連づける発問は，異なる事象や概念を結び付けてより深い理解や新たな発見を生み出すことを目指します。「これまでの学習と似ているところは？」「今までのことが使えない？」と問うことで，子どもは「〜と同じで…」という風に，既習事項と関連づけながら発言することが多くあります。例えば「前の物語文で学習したように，物語の〈設定〉から考えていくと読みやすくなりそう」「前のように，10のまとまりをつくって考えたらやりやすいね」「農業のときと同じで，水産業でもやっぱりスマート化が進んでいるね」などです。最終的には教師が問わなくても子どもが自分で関連づけられるようになってほしいものです。

⑷ つなぎ言葉

　以上,「比較」「総合」「関連づけ」について説明しましたが, その他, それぞれの教科の見方・考え方があらわれる部分は子どもの「つなぎ言葉」にあると考えます。つまり, 教科の問いと答えのプロセスを接続語でつないでいくことがその教科内容を「思考する」ことだと捉えます。

表1　子どもがよく使用した「つなぎ言葉」（2023年度4年生）

たとえば	例示	詳しく！
つまり	まとめ	ズバリ！
だったら〜	応用	広がる！
〜と同じで	活用	習ったこと！
それに	付加	ふくらむ！
だけど	逆に	整理した後に！
きっと	想像	人の考え、想い
もし〜なら	創造	新しさ！
だって〜	説明	理由！
または	選択	どっちだ！

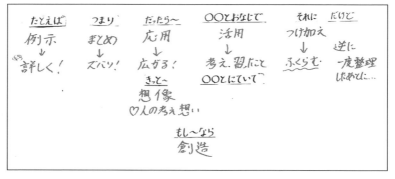

図3　子どもがよく使う「つなぎ言葉」についての子どもとのやりとりの板書

このように，子どもがよく使うつなぎ言葉を明示し，折に触れて整理をしてみてもよいでしょう。それぞれのつなぎ言葉で何が見いだせるのか，どのように考えられるのか，子どもの言葉で整理することが重要です。

　2年生の算数を具体例にします。

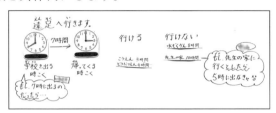

図4　2年生算数「時こくと時間」の板書

　次のような時刻と時間の問題です。「学校を出る時刻が午前8時。学校に帰ってくる時刻が午後3時。遠足に行ける場所はどこだろう？」
　・公園3時間・先生の家10時間・水族館8時間・動物園4時間
　学校を出て帰ってくるまでが7時間なので，行けるのは公園と動物園です。授業の中で次のような瞬間がありました。
Aさん「学校を出て，帰ってくるまで7時間あるから…」
Bさん「公園と動物園は行けるよ」
Cさん「水族館もいけるかな」
Dさん「あ〜，もし学校を7時に出るのだったらいけるね！」
教　師「え，Dさんどういうこと？」
Dさん「えっと，だって…」
　子どもが「だって」等のつなぎ言葉を使ったときには，周りにも問い返します。
教　師「みんな，Dさんの『だって…』の続き，想像できる？」
　ここで全員の子どもの表情を見ます。考え込むような表情で首をかしげる子，下を向いて沈黙になる子，「あ！」という感じで目を開いている子，様々な様子が見られます。子どもの表情を見ながら待ちます。ぽつりぽつり

第5章　見方・考え方を働かせる発問のつくり方　121

とつぶやきが聞こえてきます。

Eさん「水族館まで8時間…。学校を出て帰ってくるまで7時間だから…」

Fさん「水族館はむりだよね」

Gさん「でも，もし7時に出たとしたら…」

Hさん「ギリギリOK！」

Iさん「あ，そうか。ほんとだ！」

　Dさんは，Cさんの間違いを指摘するのではなくて，「もしも」の状況をつくり出すことで，全員が思考する時間を与えてくれました。

　子どもが思考したり，友だちの気持ちを読み取ろうとしたりするとき，必ず沈黙の時間が必要になります。その際に，誰かがつぶやきそうなのか，まったく何もうかばなさそうなのか，どれくらい時間を与えた方がよさそうかを教師は子どもの表情を見ながら判断します。

　「もし…」「だったら…」という言葉は，子どもが問題にはたらきかけている言葉です。「自分から問題に向かっている姿だね！」とその子に声をかけたり全員に広めたりして，大いに価値づけます。

Jさん「あ，だったら先生の家に行ける方法もわかった！」

教　師「どういうこと？」

Jさん「もし学校を朝の5時に出るのだったら，先生の家まで行けます」

教　師「どういうことかみんなわかる？」

Kさん「はい。でも，それはめっちゃ早すぎるなぁ（笑）」

と和やかな笑いでおわった1時間になりました。

　子どものつなぎ言葉に敏感になり，問い返したり，意図的につなぎ言葉が出るような発問を組み立てたりしたいものです。

2　教科特有の考え方

　見方・考え方を働かせる発問として，「教科特有の考え方」もあると感じています。5章1節（110p）で述べましたが，社会的な見方・考え方を働

かせることは，空間的な視点，時間的な視点，関係的な視点など，着目する
視点を明確にして問いを設けることです。

その他，社会科では「選択・判断する発問」「多角的に考察する発問」な
どが考えられます。

表2　選択・判断したり多角的に考えたりするのに適した内容

選択・判断する、多角的に考える場面

学年	単元	選択・判断する内容　多角的に考える内容
3年生	地域の安全を守る	地域や自分自身の安全を守るために自分達にできること などを考えたり**選択・判断**したり
4年生	人々の健康や生活環境 を支える事業	ゴミの減量や水を汚さない工夫など，自分たちにできる ことを考えたり**選択・判断**したり
4年生	自然災害から人々を守 る活動	地域で起こり得る災害を想定し，日頃から必要な備えをする など，自分にできることなどを考えたり**選択・判断**したり
4年生	県内の伝統文化，先人 の働き	地域の伝統や文化の保存や継承に関わって，自分達にで きることなどを考えたり**選択・判断**したり
5年生	我が国の農業や水産業 における食料生産	消費者や生産者の立場などから**多角的**に考えて，これか らの農業などの発展について自分の考えをまとめる
5年生	我が国の工業生産	消費者や生産者の立場などから**多角的**に考えて，これか らの工業の発展について自分の考えをまとめる
5年生	我が国の産業と情報と の関わり	産業と国民の立場から**多角的**に考えて，情報化の進展に 伴う産業の発展や国民生活の向上について，自分の考え をまとめる（情報化社会のよさや課題も）
5年生	我が国の国土の自然環 境と国民生活との関連	国土の環境保全について，自分たちにできることなどを 考えたり**選択・判断**したり
6年生	我が国の政治の働き	国民としての政治への関わり方について**多角的**に考え て，自分の考えをまとめる
6年生	グローバル化する世界 と日本の役割	世界の人々とともに生きていくために大切なことや，今 後，我が国が国際社会において果たすべき役割などを**多 角的**に考えたり**選択・判断**したり

(1)　選択・判断する発問

どこで選択・判断するべきか捉えておく必要があります。3，4年生に選
択・判断する場面が多いのは，地域社会における身近な社会的事象なので，
社会への関わり方も考えやすいからです。

たとえば，4年生「自然災害から人々を守る活動」の単元では，市の取組
などをすべて調べ，その意味や特色を捉えた上で，それらを踏まえて自分が
できることを選択・判断できるようにします。

次の子の文章は，市役所の防災課の方にお越しいただき，防災講座を行っ

第5章　見方・考え方を働かせる発問のつくり方　123

ていただいた後の感想です。

> 今日の授業で一番印象的で、大事なところだなと思ったところは、岩崎さんは「どのように災害弱者や個別支援計画を必要としている人たちに接しているのか」です。
> 私の予想は、災害が起こった時不利な状況にあって動けなくなる人を少しでも減らしたいと思いながら個別支援計画を立てているのかと思っていました。
> でも本当はもっと深い想いがあって、質問してみると、「少しでも安心して避難できる環境を作ってあげたいし、個別支援計画を通して地域の人たちを信用して共助できるようにするお手伝いのようなものをしたい」とおっしゃっていました。岩崎さんが見せてくれた、ロボ塚さんのイラストも同じようなことが書かれていると思います。私が思うには、健康だけれど災害が起きて怖くなって震えている人を支えるように目が見えないけれど「大丈夫だよ、一緒に避難すれば安心だよ」と声をかけてあげている人の2人を支えるように、車椅子に乗っていて1人では歩けないけれども、どこに避難するべきなのかを地図を見て導いている人を支える健康な人、そんな世の中であったらいいなと岩崎さん達は思ってるんではないでしょうか？
> もう一つ、自分にはない考え方が発見できたところがあります。
> それは、今日やった「クロスロード」というゲームで、「避難所に愛犬を連れていくか」という問題でした。私は絶対に、家族同然な愛犬を生き物だからって見捨てるつもりはなく、断然「連れていく」を選択しました。
> でも、4Aの██████さんの意見は私とは真逆で、「避難所の人たちの迷惑になるから連れて行かない」と言っていました。私は正直、最後まで受けいられなかったのですが人それぞれの考え方があるものなんだなと思いました。そしてこの宝塚市では、ペットを同行避難はOKなんだそうですが、一緒に避難所の中に入ることはできないことに少し不満を感じましたが、もし自分がペットのアレルギーやトラウマを持っていたとして考えると少し迷惑だと考えてしまうのかもしれません。なのでこのクロスロードでは、現実で問題になっていることのどちらかが100％正解というわけでもないということを学びました。そして、この防災教育の目的は、災害が起きてしまって実際に今までのことを焦らずに明確に冷静に判断をすることと、自助をすることが大切だと気付かされました。

図5　防災講座後の子どもの感想

　これらを踏まえて「あなたは『自助』として，自分にできることはどんなことがありますか？」と問い，今自分ができることを必要感をもって考えられるようにします。

⑵　多角的に考察する発問

　一方，表2を見ていただければわかるように，5，6年生になると「多角的に考える」となります。学習対象が広くテーマが大きくなり，社会的事象が身近なものでなくなるため，子どもたちが社会への関わり方について選択・判断しづらくなってくるからです。社会の仕組みのあり方を問う価値判断の問いが多くなります。

　小学校学習指導要領（平成29年告示）解説社会編に以下のように記されています。

> 「多角的に考える」とは，児童が複数の立場や意見を踏まえて考えることを指している。小学校社会科では，学年が上がるにつれて徐々に多角的に考えることができるようになることを求めている。

まずは「多角的に」それぞれの立場から考えることです。「多角的」に考えさせるポイントは「主語」を明確にすることです。「生産者は…」「消費者は…」「情報を発信する側は…」「農民は…」「武士は…」等になります。このような一般的な立場だけでなく，「○○さんの立場」という個別の立場も考えられます。

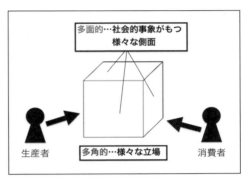

図6　多角的に考える

「○○さんの立場ならどう考えますか？」「生産者側から見るとどういう意味がありますか？」などの発問が考えられます（エンパシー）。主語を明確にし，それぞれの立場で考えると社会的事象の見え方が変わってきます。

実際，子どもたちをそれぞれの立場に立たせようと発問しても，「私が○○さんなら…」という感じで一方の人になりきって考える子もいます（シンパシー）。主観的な判断になりますが，その人に寄り添って同化するように考えることで，気持ちや感情をより深く理解し，共感することができます。客観的に見るという点については不十分かもしれませんが，その人の気持ちや感情に寄り添えるからこそ，徐々に様々な立場から考えられるようになります。「わかるわかる，そういう考えもあるよね」という寛容さを身につけ，それが多様性を担保しようとする心情につながります。

たとえば，4年生「県内の特色ある地域のくらし」の単元をもとに説明します。伝統的な文化を保護・活用している事例地として，兵庫県豊岡市城崎

シンパシー（同感）	エンパシー（共感）
その人になりきる	相手の立場に立って考える
自己をなくして、入り込む感じ	文脈や状況をもとに、客観的に見る感じ
「もし○○さんなら」	「○○さん立場では」 多角的

図7　シンパシーとエンパシー

に焦点をあてました。

　まず，城崎伝統の木造三階建ての町並みを守ろうとする「城崎温泉町並みの会」の活動内容を捉えます。次に，伝統的な町並みの城崎に，モダンなデザインの新しい商業施設（以下，木屋町小路）が設置されることになったことを資料で伝えます。「木屋町小路という商業施設です。これが計画案として出された時，城崎温泉町並みの会の人達はどうしたと思いますか？」と子どもたちに問います。子どもたちの多くは，「え〜，このデザインは城崎に合わないよ…」とつぶやきます。「城崎温泉町並みの会」が反対した理由は容易に考えられます。同時に木屋町小路に関する資料を配付し，木屋町小路を建設しようとした理由を子どもたちに配布し，読み取るようにします。その後，「町並みの会の人達はなぜ反対している？」「町並みの会の方々の気持ちはわかる？」と問い，「城崎温泉町並みの会」の人々が反対している理由を考えます。「市役所や商工会の人たちの目的は？」「その気持はわかりますか？」と問い，木屋町小路を建てようとしている側の理由を考えます。どちらの立場の主張も確認し，それぞれのメリット・デメリットも把握するためです。それらを踏まえた上で「あなたは木屋町小路設立に賛成ですか？反対

ですか？」と自分の立場で考えられるようにします。「ずっと守ってきた城崎の木造の町並みをやっぱり守りたい」「城崎は木造の雰囲気がいいのに，木屋町小路はコンクリートだから適していないよ」「木屋町小路は未来っぽさがあってお客さんも来てくれると思う」「いろんな店が集まっているので，寄ってもらえるようないいものになると思う」など，事実に基づいた意見が想定されます。

　2023年度に実際に行った授業では，子ども達は完全に「町並みを守る会」寄りの意見が多かったです。これは，今まで「伝統の町並み」を守ってきた人々の努力やそのすばらしさに深く共感してきた子どもたちだからです。「町並みを守る会」の代表の四角さんに入り込み「私が四角さんなら…」と考える子が多くいました。これは，子どもの実態や学級全体としての経験や個々の背景など，それぞれの文脈によって異なって現れてきたものだと感じました。少なくとも当時は，人に入り込んでその人と同化しながら考え，ありのままの感情を表現する子どもが多かったということです。その人に同化し，その人の気持ちになって考える経験は必要です。しかし，客観的に社会的事象を見ていくためにはそれぞれの立場で多角的に見ていく必要があります。一方的な一面的な見方にならないようにするために，高学年から「多角的に」考えることが社会科では重要視されているのかもしれません。

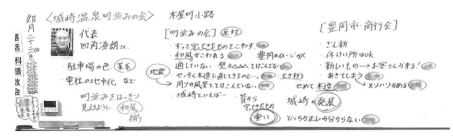

　最終的に「お互いの主張は違うけれど，共通していることは何だと思う？」と問い，結局はどちらも地域の活性化や城崎の未来のことを考えているという点を確認します。多面的・多角的に社会的事象を捉え，より豊かな概念形成につなげることが大切です。

ここでも子どもたちは，比較しながら話し合いました。比較するということは，両極端な思考を改め，お互いの間にある中間の発見につながります。これは，二者択一の極端で主観的な思考判断とは違い，バランスを考えた思考です。また，より公平な価値判断を可能にし，真の問題解決を可能にする基礎となるのではないでしょうか。つまり，比較をして考えることで，調和的な思考が身につき，豊かな判断につながります。

　これらの他にも，それぞれの教科にとって重要な問いがあります。その問いの意味を子どもたちに明示的に示し，少しずつ問いに対する意識を子どもが強く持てるようにしていくことが重要です。

〈参考文献〉
宗實直樹（2021）『宗實直樹の社会科授業デザイン』東洋館出版社
若松俊介・宗實直樹（2023）『子どもの見方が変わる！「見取り」の技術』学陽書房

③ 子どもの知識を発展させる発問

1 「見方・考え方」と知識

『学習指導要領解説 総則編』に次のような記述があります。

「「見方・考え方」は，新しい知識及び技能を既にもっている知識及び技能と結び付けながら社会の中で生きてはたらくものとして習得したり，思考力，判断力，表現力等を豊かなものとしたり，社会や世界にどのように関わるかの視座を形成したりするために重要なものであり，習得・活用・探究という学びの過程の中で働かせることを通じて，より質の高い深い学びにつなげることが重要である。」(『小学校学習指導要領解説　総則編　平成29年7月(第3章―3)抜粋)

このように，「見方・考え方」を働かせることが，より質の高い深い学びにつなげる鍵であると示しています。この中で，「新しい知識及び技能を既にもっている知識及び技能と結び付けながら」という部分に着目します。

2 「スキーマ」の利点

子どもたちのもっている知識は，断片的な知識もありますが，一般的な構造化された知識をもっています。これを認知心理学では「スキーマ」と呼びます。人間の認知過程を説明する際に用いられる概念の1つです。スキーマは，新しい情報を既存の知識構造に組み込む際の「枠組み」として機能します。これにより，子どもたちは新しい情報をより迅速かつ効率的に理解し，関連付けることができます。知識がネットワーク化されていくイメージです。

第5章　見方・考え方を働かせる発問のつくり方　129

そのため，学習した内容の記憶と思い出しを容易にします。情報がスキーマに適合すると，それはより簡単に記憶され，長期記憶に残りやすくなります。

　既存のスキーマは，新しい情報に対する予測を立てたり，論理的な推論を行ったりする際の基盤となり，子どもたちは既知の情報から新しい結論を導き出す能力を高めます。また，新しい情報や状況に遭遇するとスキーマは適応・変化することができ，子どもたちは新しい環境や状況に柔軟に対応する能力を高めることができます。

　繰り返しの学習や経験を通じて，スキーマはより洗練され，自動化されます。これにより，子どもたちはより複雑な活動に集中することができ，基本的な情報処理はより迅速かつ効率的に行われます。

　つまり，学習において，スキーマが存在することによって得られる主な利点は以下の通りです。

・情報の整理と理解の促進
・記憶の強化
・適応と柔軟性
・学習の自動化

　スキーマは，知識の構造化と統合において中心的な役割を果たし，学習プロセス全体を通じて効率性と深さをもたらします。

　具体的に次のような事例が考えられます。

□ 情報の整理と理解の促進

　社会科で日本の地形，気候，地域の特徴について学んでいる際，「日本の地理」というスキーマを持っているため，新しい地域情報（たとえば，特定の地域の特産品や歴史）を効率的に整理し，関連付けることが容易になります。例えば，北海道の気候が農業にどう影響するかなどです。

□ 記憶の強化

　算数科で子どもたちが分数の概念（例えば，1/2や1/4など）を学びます。「分数」というスキーマがあるため，新しい分数の計算方法（例えば，分数の加算や減算）をより容易に記憶し，思い出すことができます。既存のスキーマに基づいて新しい情報を結び付けることで，理解と記憶が強化されます。

□ **適応と柔軟性**

　理科で，様々な生物とその生息環境について学びます。生態系に関する基本的なスキーマ（食物連鎖，生息地の特性など）があるため，新しい種類の生物や異なる生態系について学んだ際に，これらを既存の知識に柔軟に統合し，適応させることができます。たとえば，熱帯雨林と砂漠の生態系の違いを理解し，比較することが容易になります。

□ **学習の自動化**

　国語の授業で「漢字」を学ぶ際，漢字の読み方や書き方を繰り返し学んでいます。漢字の基本的な構造（例えば，部首や画数）に関するスキーマがあるため，新しい漢字を学ぶ際に，これらの知識を自動的に適用し，学習プロセスを効率化します。たとえば，似た構造を持つ漢字をグループ化して記憶しやすくするなどです。

　これらの例では，スキーマが既存の知識の枠組みとして機能し，新しい情報を効率的に統合し，理解を深め，記憶を強化するための基盤となっています。また，新しい情報や状況に遭遇することで，スキーマは適応し，変化します。これにより，学習者は新しい知識を柔軟に取り入れ，学習プロセスを自動化することができます。

3　スキーマを発展させる発問

　さて，ここでは，このスキーマを発展させる発問について考えます。

第5章　見方・考え方を働かせる発問のつくり方　131

ポイントは，次の３点です。

・子どものもっている知識をひき出す発問。
・子どものもっているスキーマと不一致な情報を与える教師の発問。
・スキーマを組みかえることを要求する発問。

各教科を例に，教師と子どものやり取りを示しながら具体的に説明します。

□ 理科の授業での発問（植物の種子の発芽について）
○子どものもっている知識を引き出す発問
Ｔ「植物の種子が発芽するためにはどんな条件が必要だと思いますか？」
Ｃ「水と土と太陽の光が必要です。」
○子どものもっているスキーマと不一致な情報を与える教師の発問
Ｔ「実は，太陽の光がなくても種子は発芽することができるんですよ。それはどうしてだと思いますか？」
Ｃ「えっ，そうなんですか？」
○スキーマを組みかえることを要求する発問
Ｔ「そうです。発芽の初期段階では光よりも水分が重要です。では，光がないとどんな植物が育ちにくいか，また光が必要になるのは発芽のどの段階か，考えてみましょう。」
Ｃ「光が必要なのは，もう少し大きくなってからかな。葉っぱを広げて光合成を始めるときですね。」

　この一連の発問は，子どもたちが「種子は発芽するために光が必要」というスキーマを持っていることに挑戦し，新しい情報を与えて，発芽のプロセスについて深く考えさせることを目的としています。それにより，発芽に関するより正確なスキーマを形成させることができます。

□ 社会科の授業（日本の地形と地域特性について）

○子どものもっている知識を引き出す発問

T 「日本の地形についてどんな特徴があるか，教えてください。」

C 「日本は山が多い国で，海に囲まれています。」

○子どものもっているスキーマと不一致な情報を与える教師の発問

T 「その通りですね。しかし，日本の地形はただ山が多いだけではなく，地域によって大きく異なります。例えば，北海道と沖縄の地形にはどのような違いがあると思いますか？」

C 「北海道と沖縄ですか？同じ日本でも全然違うんですね。」

○スキーマを組みかえることを要求する発問

T 「そうですね。それでは，北海道と沖縄の地形の違いが，それぞれの地域の生活や文化にどのように影響を与えているか，考えてみましょう。」

C 「北海道は広い平地が多いから農業が盛んで，沖縄は海に囲まれているから漁業や観光が発展しているのかもしれません。」

　この対話により，子どもは日本の地形が地域によって異なり，それが各地域の生活や文化にどのように影響しているかという新しい理解に至ります。教師は子どもの既存の知識に基づいて新しい情報を提供し，子どもが自分自身で新しいスキーマを形成するように導きます。

□ 算数の授業（分数の加算について）

○子どものもっている知識を引き出す発問

T 「今日は分数の足し算について学びましょう。まず，1/3とは何を意味するか説明してみてください。」

C 「1/3は，全体を3等分した1つ分のことです。」

○子どものもっているスキーマと不一致な情報を与える教師の発問

T 「その通りです。では，もし1/3のケーキが2つあると，全部でどれだけのケーキがあることになるかな？」

C 「1/3が2つあると，2/3ですね。」

第5章　見方・考え方を働かせる発問のつくり方　133

T「正解です。でも，もしケーキが1/3と1/6で切られていて，それぞれ1つずつもらったら，全部でどれだけになると思う？」

C「えっと，それは1/3と1/6を足した分ですね。でも，そのまま足せるんですか？」

○スキーマを組みかえることを要求する発問

T「いい質問だね。実は分数を足す時は，分母が同じでないと直接足すことができないんだ。1/3と1/6を足すには，どうしたらいいか考えてみよう。」

C「分母を同じにするために，1/3を2/6にして，2/6と1/6を足すと，3/6になるんですね」

T「素晴らしい。3/6というのは，別の分数でどう表せる？」

C「半分ですね。だから，1/2です！」

　この対話により，子どもは異なる分母を持つ分数をどのようにして足すかを理解し，分数の加算に関する新しいスキーマを構築します。最初に基本的な分数の概念を確認し，次に子どもの理解に挑戦して新たな情報を提示し，最後に新しい理解を促すことで，子どもは自分の知識を積み重ね，再構築する経験をします。

□音楽の授業（リズムの理解について）

○子どものもっている知識を引き出す発問

T「音楽におけるリズムとは何か説明してください。」

C「リズムとは，音楽の拍子やビートのことです。」

○子どものもっているスキーマと不一致な情報を与える教師の発問

T「リズムにはビートだけでなく，沈黙の部分も含まれることを知っていますか？」

C「沈黙もリズムの一部なんですか？」

○スキーマを組みかえることを要求する発問

T「沈黙が音楽にどのように影響を与えるか，例を挙げて考えてみましょ

う。」

C「沈黙は音楽に緊張感を与えたり，驚きを生むことができますね。」

　この音楽の授業の対話では，子ども達は初めにリズムについて基本的な理解を示し，教師はそれに新しい情報（沈黙もリズムの一部であること）を加えます。これにより，子ども達はリズムに関するより深い理解を得ます。最後に，教師が子ども達に沈黙の効果について考えさせることで，子ども達は新しい知識を実際の音楽に応用し，より柔軟な思考を発展させることができます。この対話は，情報の整理，記憶の強化，学習の適応性と自動化を促進します。

□ 体育の授業（チームスポーツの戦略について）

○子どものもっている知識を引き出す発問

T「バスケットボールの試合で大事なことは何だと思いますか？」

C「得点を多く取ることと，守備をしっかりすることです。」

○子どものもっているスキーマと不一致な情報を与える教師の発問

T「それも重要です。しかし，試合に勝つためには，相手チームの戦略を理解し，対応することも大切だと思いませんか？」

C「相手チームの戦略ですか？それはどうやって？」

○スキーマを組みかえることを要求する発問

T「相手チームのプレイスタイルや得意なプレイヤーの特徴を観察し，それに対してどのように守備を組み立てたり攻撃を変えたりするかを考えてみましょう。」

C「そうすると，試合をコントロールしやすくなりそうですね。」

　この体育の授業の対話では，最初に教師が子どものバスケットボールに対する基本的な理解を引き出します。次に，教師は相手チームの戦略を考慮するという新しい概念を提案し，子どもに戦略的思考を促します。これにより，子どもは単なるプレイの技術を超えて，ゲームのより深い理解と戦略的アプローチを学びます。最終的に，子どもはスポーツにおける戦略的な思考の重

第5章　見方・考え方を働かせる発問のつくり方　135

要性を認識し，より複雑なスキルを身に付けることができます。

　これらの対話例は，教師が子どもの既存の知識や直感を出発点として，新たな視点や情報を提供し，子どもに自分の理解を深めて再構築することを促すためのものです。それぞれの教科において，子どもたちは自分の思考を拡張し，より複雑なスキーマを形成することができます。

4　「見方・考え方」とスキーマの発展

　このように，「見方・考え方」とスキーマの発展は，質の高い深い学びを実現するために密接に関連しています。スキーマは，既存の知識や技能に新しい情報を統合し，それらをより広い文脈で理解するための枠組みを提供します。このプロセスは，子ども達が世界を理解し，社会の中で効果的に機能するための「見方・考え方」を形成する上で不可欠です。

　発問を通じてスキーマを発展させることは，子ども達が単に情報を記憶するのではなく，それをどのように理解し，適用するかに焦点をあてます。例えば，体育の授業での戦略的思考の導入は，単にスポーツの技術を学ぶ以上のものとなります。それは子ども達に，チームの動きを分析し，状況に応じて戦略を調整するという「考え方」を教えます。同様に，音楽の授業でリズムの新しい側面を探究することは，音楽をより深く理解し，創造的に表現するための「見方」を育てます。

　このように，スキーマを発展させることは，知識の単純な習得を超えて，思考力，判断力，表現力を豊かにし，社会や世界に関わるための視点を形成します。

〈参考文献〉
波多野誼余夫（1980）『自己学習能力を育てる　学校の新しい役割』東京大学出版会
文部科学省（2018）『小学校学習指導要領解説 総則編 平成29年7月』

第6章

子どもの思考とあり方を
ゆり動かす発問観

1 「ゆさぶり発問」の考え方

　1960年代ごろから「ゆさぶり発問」が取り上げられるようになり，ゆさぶり発問というテーマで国語，算数，社会，理科の4教科で発問研究がまとめられました[1]。その他，吉田章宏（1977）は，「ゆさぶり」に関する文献リストを作成しました[2]。それだけ多く注目されていたことがよくわかります。

1　青木幹勇・他（1976）『国語科ゆさぶり発問』明治図書
重田純堯・他（1976）『算数科ゆさぶり発問』明治図書
山崎林平・他（1976）『社会科ゆさぶり発問』明治図書
山井重雄・他（1976）『理科ゆさぶり発問』明治図書
2　吉田章宏（1977）『授業を研究するまえに』明治図書, pp.216-219
以下，掲載された文献を列挙する。
・斎藤喜博（1960）『授業入門』国土社
・斎藤喜博（1963）『授業―子どもを変革するもの―』国土社
・武田常夫（1964）『文学の授業』明治図書
・宮坂義彦（1970）「発問を考える」『教育』第251号, pp.51-64.
・吉田章宏（1972）「『ゆさぶり』概念の検討」『教授学研究』3巻, pp.24-50
・武田常夫（1972）「授業での『追いこみ』ということ」『教授学研究3』, pp.100-117
・武田常夫（1973）『イメージを育てる文学の授業』国土社
・斎藤喜博（1973）「斎藤喜博対談5「演出と教育・広渡常敏―斎藤喜博」『斎藤喜博の個人雑誌，開く』第五集, pp69-89.
・首藤昭五（1973）「集団の思考をゆさぶる学習課題とは」『授業研究』第123号, 明治図書, pp.40-45
・吉本均（1974）『訓育的教授の理論』明治図書
・吉田章宏（1974）「ゆさぶりと視点」『教授学研究』4巻, 国土社, pp.54-95.
・（1974）「特集，授業のヤマ場で思考をどうゆさぶるか」『理科教育』第63号, 明治図書
・相馬弘直（1974）「こどもの心をゆさぶる発問とは」『授業研究』第134号, 明治図書
・吉田章宏（1975）『授業の心理学をめざして』国土社
・早田修三（1975）「学習集団としての授業」『現代教育科学』第212号, 明治図書, pp44-53
・吉田章宏（1975）「『発問の機能』の発生的研究を」『授業研究』第143号, 明治図書, pp5-10
・吉田章宏（1975）「教授学における構造・機能・目的」『教授学研究』5巻, 国土社, pp79-89

1　ゆさぶりは「観」の問題

今村資泰（1981）は，次のように述べます。

　「ゆさぶり」発問は，教師が問いを発し子どもの心をゆさぶる行為であるから，教師は，子どもたちの思考の流れとか，動きに乗って，授業を展開していかなければならない。
　だから，「ゆさぶり」発問は，人間的授業技術なのである。
　子どもたちの思考の動きに乗らないで，問いを発することは，それは

・吉田章宏（1975）「特集―『ゆさぶり』発問による学習の深化」『国語教育』第208号，明治図書
・氷上正（1975）「『ゆさぶり』発問でねらう効果は何か」『国語教育』第208号，明治図書，pp.5-1
・氷上正（1976）『教材解釈と授業展開』明治図書，pp.171-185
・早田修三（1975）「『ゆさぶり』発問の型と方法―限定・類比・否定によるゆさぶり―」同前号，pp5.-24
・青木幹勇（1975）「『ゆさぶり』発問のつくり方，教材分析による発問づくり」同前号，pp.25-33
・前沢泰（1975）「『ゆさぶり』発問が生きるための条件」同前号，pp.43-50
・安藤操（1975）「詩における読みとり方とイメージ化」同前号，pp.63-68
・吉田貞介（1976）「子どもの情意面のゆさぶりを」『現代教育科学』第225号，明治図書，pp.79-81
・山崎林平他（1976）『社会科のゆさぶり発問』明治図書
・重田純堯他（1976）『算数科のゆさぶり発問』明治図書
・青木幹勇他（1976）『国語科ゆさぶり発問』明治図書
・山井重雄他（1976）『理科ゆさぶり発問』明治図書
・吉本均（1976）「『否定的媒介者としての教師』の役割」『授業研究年鑑・76年版』明治図書，pp.14-16
・斎藤喜博（1976）『授業の可能性』一茎書房
・片岡徳雄「集団思考における統制と自由」『授業研究』第164号，明治図書，pp.5-9
・霜田一敏「授業における教師の出方」同前号，pp.10-14
・早田修三（1967）「集団思考を促す学習活動とは」同前号，pp.40-45

「おもいつき」発問であって，子どもの心に残らない，教師の自己反省がむなしく残る教室実践となろう。

　そういう失敗をなくすためにも，低学年の子どもたちの表情とか，行動とか，つぶやきとかを，つぶさに観察・理解する態度が必要である。ひとりひとりの子どもを，鋭く，凝視し，観察し理解する行為は，子どもから学ぶということである。

　このような立場から，「ゆさぶり」発問を見直せば，「ゆさぶり」発問は表面的には教師中心のように見えるが，そうではなくて，子ども主体の教育観であり，授業観であり，指導技術観なのである。[3]

　機械的に扱うものではなく，「ゆさぶり」発問は，授業観や指導技術観，子ども観など，「観」の問題だということを指摘しています。子どもの内側からつき動かすエネルギーを引き出し，子どもの主体性を発揮できるようにするというイメージです。そういった意味でも，上田薫（1988）が「ゆり動かす」という表現を使っているように[4]，私も「ゆさぶり発問」よりも，「子どもの内からゆり動かす働きかけ」と表現する方が望ましいと感じます。

2 「子どもの論理」から考える

　「子どもの論理」とは，子どもがどこに学ぶ価値を感じるのか，教師が子どもの側から考えることです。

　そのため，教師は目の前の子どもの姿を思い浮かべながら教材開発を行うことが重要です。「○○さんがいつも気にしている人権の視点を含めると，周りの子達も多面的に考えられる教材になりそうだ」という感じです。そこ

3　今村資泰（1976）「低学年授業における『ゆさぶり』発問」『国語科ゆさぶり発問』明治図書，pp.28-29
4　上田薫（1988）『未来にいかなる光を』黎明書房，p.68

から発問を組織します。「目の前の子ども」や「この子」に焦点をあてるので，その子たちの感じ方や理解の仕方，価値観等，子どもの内からゆり動かす働きかけ，「ゆさぶり発問」が効果的だと考えます。

　長岡文雄（1976）は，次のように述べます。

> ・「ゆさぶり」発問は，教材に子どもをかかわらせ，その核心となるものにふれて，自己変革を遂げさせるものである。[5]
> ・「ゆさぶり」発問は，実に，子どもが，自らの力で，自らをつき動かしていく力をゆさぶらねばならないのである。学習法，生き方をゆさぶるものでなければならない。[6]
> ・「ゆさぶり」発問は，思いつきだけの単発発問では効きめがうすい。やはり，永続的で人間の根源的なものに迫る姿勢があってこそ生きるということになる。[7]
> ・学習者がゆさぶられたときの発問だけが，「ゆさぶり」発問なのである。[8]

　「ゆさぶり発問」によってその子の個性的な思考を引き出し，その子の生き方にまで迫ります。だからこそ，子ども達はそこに学ぶ価値を感じます。

　長岡は，子ども達が機械的に調べ学習をしているある学級を急に担任することになったある教師を例に，次のように紹介しています。「色々な土地のくらし」（当時は4年生の学習内容）の学習場面です。その教師は，子どもの学習の姿勢を立て直すために「人口を調べて何になるの」「なぜ面積を調べるのか」と子ども達に問いかけました。子ども達はだれも答えられません

5　長岡文雄（1976）「中学年授業における『ゆさぶり』発問」『社会科ゆさぶり発問』明治図書，p.75
6　長岡文雄，前掲書，p.82
7　長岡文雄，前掲書，p.84
8　長岡文雄，前掲書，p.80

でした。さらに「沖縄の学校の夏休みや冬休みは，わたしたちの学校と同じだろうか」と問いかけました。その時，「子どもの目がぴかっと輝いた」と長岡は表現しています。調べる必然性がなかった問題が，調べることの意味を発見し，生きた学習のあり方へ変わりました。子ども達が学ぶ必然性を感じた瞬間です。

　その後，地理的条件の追究だけでなく，人々の願いを深く掘り起こすような展開になりました。子ども達の個性的な思考が次々とあらわれ，学ぶ価値を見出す展開になりました。

　子ども達の学ぶ価値がどこにあるのか，子どもの側から探り続けたいものです。子どもの思考を大切にし，子どもの側に立って発問を考えることを大切にしたいです。

3　互いにゆさぶり合う

また，長岡は，次のようにも述べます。

> 　「ゆさぶり」発問は，むしろ，子ども同士のなかで，子どもが，「ゆさぶり」発問をしあう関係を触発していくものとしていくべきである。いつも教師は「ゆさぶる人」子どもは「ゆさぶられる人」という関係の考え方は旧いのである。子どもひとりひとりが「自問自答」して自らをゆさぶるところの方法を強力なものにし，また，おたがい同士が，論争をしかけて，ゆさぶりをかける方法を自らのものとしていくように，教師の「ゆさぶり」発問を変更していくべきである。[9]

　教師＝ゆさぶる人，子ども＝ゆさぶられる人，という関係だけでなく，子ども同士でゆさぶり合える関係のある学習を目指したいものです。

　青木幹勇（1966）は，「発問を教師だけのものにしない」と題して，「子どもも発問者にする。教師も応答者の側に回るような学習態勢はできないだろ

うか。」と述べます。[10]

　教師の発問で動く受け身の学習ではなく，子どもたち自身の自発的な学習，子ども自身が問題をもち子ども自身の力で解決しようとする学習，子どもが発問し合う学習を目指します。ゆさぶったり発問したりするのは教師だけではありません。自分自身を揺り動かし，友だちをゆり動かしたりしながら，学びや生き方を深め合えるような学習環境をつくりたいものです。

〈参考文献〉
山崎林平，加藤寛道，長岡文雄，糸井清志（1976）『社会科のゆさぶり発問』明治図書
青木幹勇・他（1976）『国語科ゆさぶり発問』明治図書
青木幹勇・他（1966）「よい発問の条件」『国語科の授業研究1　よい発問わるい発問』明治図書

9　長岡文雄，前掲書，p.82
10　青木幹勇（1966）「よい発問の条件」『国語科の授業研究1　よい発問わるい発問』明治図書，p.18

2 ゆさぶり，オープンエンドで終える

1 既知から未知を引き出す

　授業の終末場面では，授業内容をまとめて終えることが多いのではないでしょうか。「今日の学習のキーワードは何だと言えますか？」や，「AとBとCということが分かりました。つまり，何が大切だと言えますか？」などの発問が考えられます。

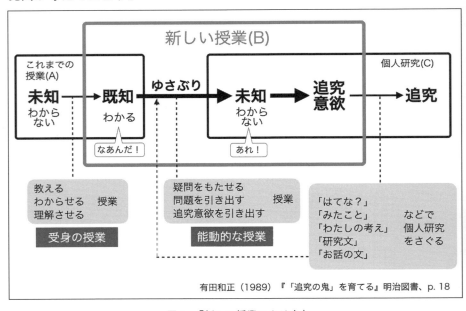

図1　「新しい授業のあり方」

本時の学習をまとめて問題を解決し，安定した状態で授業を終えることは重要です。それに加え，有田和正（1989）[1]は，図1のように「未知→既知→未知」という状態で終わる授業が望ましいと提案しています。未知で授業を終えると，子どもの追究意欲を引き出せるからです。「既知→未知」にするために必要な発問が，「ゆさぶり発問」です。「Aさんが行った行動は，本当に『優しさ』だと言えるのですね？」「みなさんの安全を守っているのは信号機だけなのですね？」などが考えられます。わかったと思っていたことが実は本質的に何もわかっていないことを子どもが自覚できるようにします。そこから新しい疑問が生じ，また新たに子どもの追究活動がはじまります。

2　よさや価値を引き出す

(1)　不安定な状態にする

吉本均（1976）は，否定による指さし（否定発問）として，以下のように述べます。

> 　まったくの反対物・対立物を提示することによって，それの否定を通してAがAであることの必然性をたしかに確認させようとするものである。つまり，反対物を媒介とし，否定をとおしての本質把握だといってよい。

「ゆさぶり発問」は，子どもの思考に不安定な状態をつくり出します。その不安定な状態を安定させようとするところで思考が活性化されます。「ゆさぶり発問」は，教師があえて否定的な解釈を投げかけることで，子どもたちの適切な解釈を引き出すことができます。また，子ども同士の話し合いの中でもお互い否定的な解釈を出し合うこともあります。

1　有田和正（1989）『「追究の鬼」を育てる』明治図書

たとえば，６年生「大昔のくらしとくにの統一」の単元で，子どもたちは大陸や朝鮮半島から米作りが伝わってきたことを学びます。

　その際，「米作りは人々を幸せにしたのか？」と発問し，子どもたちに自分の名前プレートを貼らせます（０％～100％）。その後，調べる時間をとり，子どもたちは教科書や資料集を中心に調べます。さらに調べたことをもとに話し合います。

Ａさん「縄文時代の狩りと違って，米は保存ができるからいつでも食べられるよ」

Ｂさん「この頃の米作りが日本の文化になっているよね」

Ｃさん「米は今の生活にも欠かせない存在だよ」

図２　米作りは人々を幸せにしたのか？

Ｄさん「でも，土地や水，たくわえた米をめぐって争いが起きるようになったよ」

Ｅさん「支配したりされたり，上下関係ができてきたよね」

Ｆさん「安定して食べられるようになったけど，争いの原因にもなってるよね…」

　ある程度話し合わせた後に再度，

　米作りは，本当に人々を幸せにしたのか？

と発問します。多くの子が名前プレートを動かします。そこで，動かした理由を子どもに訊くようにします。最初の発問の時の直感レベルの自分の考えと，調べたことや話し合いを通じて出た自分の考えの変化を捉え，深まりを感じることができます。

図3 米作りは本当に人々を幸せにしたのか？

> 米作りが始まったことによって，メリットとデメリットが生まれました。縄文時代などでの食糧は，狩りなどをしてとっていました。しかし狩りは，とれない日があるという問題がありました。それに対して米は，植物なので，とれない日が生じにくいです。なので，食料に困ることが減りました。
> しかし米作りには，水や土地が欠かせません。例えば，隣接しているむらの場合，間を挟む川が一つしかないので，取り合いになってしまいます。米は争いの原因にもなったのです。だから私は30％ぐらいです。

図4 授業後のふり返り

(2) あるものがない状態を考える

そのもののよさや価値を考えさせるとき，「なぜ，○○をしているのだろう？」「なぜ，○○があるのだろう？」という発問が多くなります。それでも構いませんが，ゆさぶることで，そのものが「ある状態」と「ない状態」を比較して考えるので，子どもたちは考えやすくなります。

例えば，3年生社会科の「安全なくらしを守る」の単元で，

「消防署があるのだから，消防団なんてなくてもいいのではないか？」

と発問すれば，子どもたちは消防団がある場合と，消防団がない場合を自

第6章 子どもの思考とあり方をゆり動かす発問観　147

然と比較して考えるようになります。消防団があることの意味についてより具体的にイメージして考え、そのもののよさや価値について気づくようになります。

2年生国語「お手紙」の授業では、

「お手紙を渡す役は、カタツムリくんでなくてもいいんじゃないの？」と問います。

Aさん「確かに。がまくんはずっと待っているんだから」
Bさん「もっと早いチーターやはやぶさとかの方が…」
教　師「だよね。遅いのではなく、速い方がいいのにね」
Cさん「え、でもね、遅いからいいんじゃないの？」
Dさん「どういうこと？」

と続きます。

子ども達は「いっしょにお手紙を待つ時間が増えたよ」「それだけ待ったから、届いたときの嬉しさも大きかったよ」「その分二人とも幸せな時間が増えたよ」などと発言していました。歩みの遅いカタツムリくんが運ぶ役であることの意味理解を深めていきました。

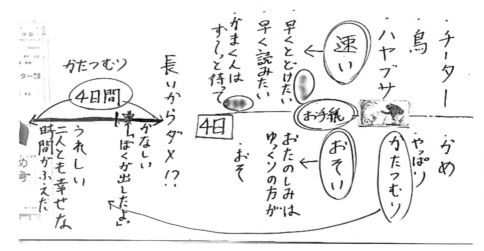

図5　2年生国語「お手紙」の板書

3 「間」を活かす

　子どもの学習を促すために，授業づくりで意識していることは「間」です。
　ここでの「間」とは，「本時の授業終了から次の授業がはじまるまでの時間」を指します。私は子どもたちに，単に本時の学習内容を理解するだけでなく，さらに進んだ内容に興味を持ち，自ら取り組んでいく意欲を養いたいと考えています。そのためには，授業から次の授業への「間」を有効に活用することが重要です。その「間」にこそ，子どもたち個々の学び方や考え方が多く表れます。
　たとえば，４年生単元「わたしたちの県のようす」の中で，「兵庫県の日本一」という授業を行います。マッチ（姫路市）や線香（淡路島）が兵庫県で多く生産される理由を考える内容です。土地条件や気候条件を生かして生産が盛んな理由を理解できるようにします。

```
〈兵庫県の日本一〉        なぜ兵庫県（姫路市と淡路市）で
                         マッチと線香が多く生産されるの
  清酒 …西宮市            だろう？
  かばん…豊岡市           ■雨が少ない気候だから
  つり針…加東市              →季節風の影響
        西脇市           ■１９６０年代に神戸で重工業が
  マッチ…姫路市              発達→生産が姫路の方へ移行
  線香 …淡路市           ■箱の組み立てやラベル貼り
                            →庶民の生活の支えに

  地域の特産品は、その土地や気候の条件を生かして生産
  されてる。
  私は〜。
```

図6　「兵庫県の日本一」の内容

授業を行った際，子ども達は「他県の日本一」も気になったようで，「他

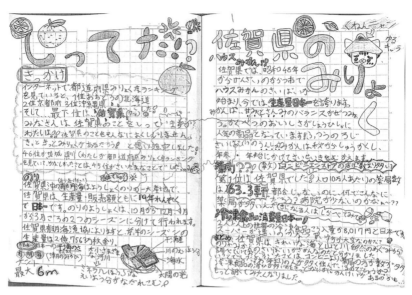

図7　子どもの自主学習ノート（佐賀県のみりょく）

の都道府県の日本一も調べたい！」という声があがりました。子ども達と相談し，全員がいずれかの「都道府県の日本一」を調べて図7のように自主学習ノートにまとめてくることになりました。どの都道府県をどのように調べるのか，その都道府県を調べようと思ったきっかけや理由はそれぞれの子どもによって違います。そこにその子「らしさ」が十分にあらわれます。

さらに2023年度は他校（埼玉県と熊本県の4年生）との交流を企画しました。他校の子ども達から動画で送られてきた「兵庫県のイメージ」を視聴した本校の子ども達は「もっとしっかり調べて正確に兵庫県を伝えたい」とつぶやいていました。兵庫県についてさらに詳しく調べ始めます。このようにして自分の住む県について何度も捉え直し，相手意識をもって一人ひとりの子どもがそれぞれの観点で調べていきます。そうすることで，自分の住んでいる県のよさや特徴がわかり，自分の県（地域）に誇りをもてるようになります。この単元の学習をきっかけに「兵庫県はどのような地域か？」「他の都道府県はどのようになっているのか？」などの意識が持続するでしょう。

1つの授業が終わり、次の授業が始まるまでの時間を意識することで、年間を通してそれぞれの子どもの継続した追究が期待できます。この授業間の時間的余裕が「間」です。

単元内の「間」を意識した授業計画にすると、一斉授業をクローズドエンド（明確な答えや結論が求められる形式）で終えるのではなく、オープンエンド（さらなる探究や追究の余地がある形式）で終えることが多くなります。これにより、子どもたちの問いと追究意欲が継続し、「間」を活かそうとする中で子どもの学びの深まりが生じます。

ものの見方や考え方、知識や学び方を獲得するタイミングはその子によって違います。だからこそ、長い時間の中で子どもが自己選択、自己決定できる「余白」と「間」を十分に残すことが重要です。

「余白」や「間」を子どもが活かすことで、その子が選択的に自己決定的に学ぶ「その子らしい」学びが生まれます。そして、その「余白」や「間」が大きくなれば、単元を超え、教科を超え、その子の生き方にもつながるでしょう。

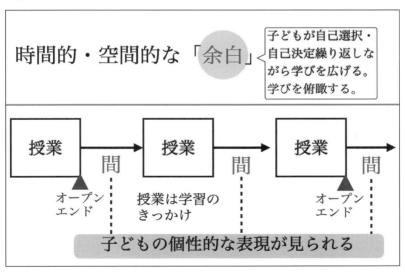

図8　「余白」と「間」

第6章　子どもの思考とあり方をゆり動かす発問観　151

その子の人生における学びの時間は長くあります。「個」の学びはその子の未来を見つめ，長い時間をイメージして考えることが重要です。１時間の授業は，子どもが人生をかけて深め続ける「学び」のきっかけにすぎません。

〈参考文献〉
吉本均（1977）『発問と集団思考の論理』明治図書
髙橋達哉（2020）『「一瞬」で読みが深まる「もしも発問」の国語授業』東洋館出版社
宗實直樹（2021）『深い学びに導く社会科新発問パターン集』明治図書
加藤幸次（1988）『自己教育力を育てる授業づくり』黎明書房

第 7 章

子どもの側からの問い

1 子どもの見取りをどうするか

1 記録から

　一人ひとりの子どもの記録をとるようにしています。個を見取り、その子が向かう学びの先を考えます。それと共に、記録による個の見取りを活かす視点をもつようにします。記録は、個を理解するために大切ですが、その記録から授業をつくるという発想も必要です。ある程度の事実が集まれば、カルテ[1]やその子の日頃の発言、行動、他者との関わりや学び方などを総合し、つなぎ合わせて統一のための解釈を行います。例えば、Nさんは図1のようになります

　Nさんがいるからこその授業を考えたり、Nさんを授業の中に位置付けたりします。

図1　Nさんの見取り

・「たとえば」の具体化がうまい。
・「具体」を追究することを好む。
・歴史的な内容になると興味が膨らむ。
・学び合いながら追究する傾向がある。
・社会的問題について敏感に反応する。

1　上田薫と安東小の協働のもと、1967年に生み出された子ども理解のための記録。「教師自身の子どもに関する驚きをメモする」というもので、「カルテ＝事実＋教師の願いや解釈」という意味をもつ。161p を参照。

2 「この子」の発言を活かす

図2 収集日に出されていないゴミ

たとえば、4年生「ごみの処理と活用」の学習です。ごみに関する社会問題は多くあります。Nさんはこれらに敏感に反応するだろうと予測できます。図2は、収集日に出されていないゴミの写真です。これを見せながら、「こういうの、ダメだと思います！」とNさんは訴えました。

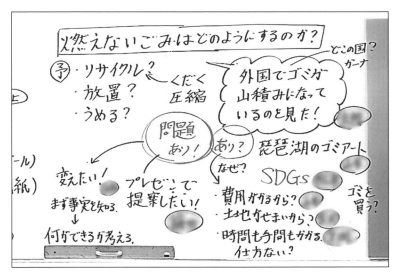

図3 燃えないごみの処理法の板書

図3のように、集めたゴミの処理の仕方を学び、燃えないゴミをどうするのかについて考えている際、Nさんが「外国でごみが山積みになっているのを見たことがある」と発言しました。「え、それってその国のゴミじゃなくて？」「日本が送っているってこと？」「それってだめなんじゃない？」とい

第7章 子どもの側からの問い 155

うように、Nさんの発言から問題意識が広がっていきます。子どもたちの調べる時間を設けました。ゴミに関わる問題がたくさん出てきました。「先生、これ、もっと調べたいです」「まとめてプレゼンしたい」という子も出てきました。「これはひどいな…」「でも、仕方ないことじゃないの？」「SDGsの問題につながる」と、子どもたちの意識がどんどん膨らみます。

偶然にNさんが発言したように感じられますが、Nさんの見取りがあれば、その授業の中でどのように考え、どのように発言しそうかは概ね予想がつきます。私はその発言がくることを構えています。偶然ではありますが、「この子」の見取りをすることで必然へと変える可能性が出てきます。「この子」の発言をもとに、授業をどのように発展させられるのか、ワクワクする瞬間でもあります。

3　単元構想の捉え直し

図4　「健康なくらしを守る仕事」単元構想図

ここでの私の授業案としては、燃えないごみであるびんや缶などの処理の方法を理解する1時間にしようと考えていました。しかし、Nさんの発言からどんどん問題意識が広がっていく状況を「おもしろいな」と感じました。ですので、そちらの方向に舵を切りました。少し広大になるかもしれませんが、子どもの問題意識を広げ、SDGsに関わる問題や持続可能について考える時間にしていこうとしました。大単元「健康なくらしを守る仕事」をSDGsの視点で再構成していこうと考えました。

4　つながる学び

　この授業のあと、Nさんはさっそくメディアセンター（図書室）で、SDGsに関する本を借りてきました。Nさん以外に、SDGsについての自主学習をもってくる子もいました。学びがつながります。

図5　SDGsの本を借りるNさん　　図6　SDGsの自主学習

〈参考文献〉
宗實直樹（2023）『社会科「個別最適な学び」授業デザイン　理論編・実践編』明治図書
宗實直樹・石元周作 編著　佐藤正寿 監修（2023）『社会科実践の追究』東洋館出版社
星野恵美子（1995）『カルテ・座席表で子どもが見えてくる』明治図書
星野恵美子（1997）『「カルテ」で子どものよさを生かす』明治図書
武藤文夫（1989）『安東小学校の実践に学ぶ　カルテと座席表の22年』黎明書房

2 「この子」の見取りをどう活かすか

1 「この子」を捉えて活かす

　一人の子の現状を捉えてその子の「これから」を見る視点。社会科という教科の窓を通して，その子の見方・考え方，学習方法を育てようとする視点が必要です。この子が自律的に学びを進められるように自ら育つことを支える教師の支援も必要です。つまり，一人の子を見取り，この子を理解しようとする教師の眼が必要です。

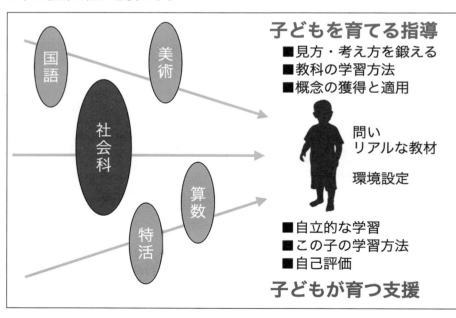

図1　一人の子をとらえる視点

さらに，一人の子のあり方を周りの子どもに波及・感化する視点も必要です。見取りを活かそうとする教師の眼ともいえます。たとえば，Nさんの「社会問題に対して自分ごととして引きつけて考える」ことができるこの子のあり方をもとに，その見方や考え方を周りにも広げ，刺激を与えるような考え方です。

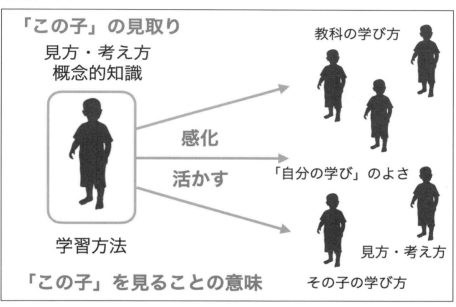

図2 「この子」の見取りを活かす視点

2　教材研究からつくる問い

問いをつくる際，教材の側からつくることが多くなるでしょう。つまり，教科のねらい，目標からつくる問いのことです。例えば「どのようにしてごみを処理しているのだろう？」というものです。この問いを追究することで，廃棄物の適切な処理の方法について子どもたちは理解できるようになります。

図3　教材の側からつくる問いと子どもの側からつくる問い

3　子ども研究からつくる問い

　一方，私は子どもの側からつくる問いのパターンが2つあると感じています。

　1つ目は，子どもが調べてきたことをもとにするパターンです。たとえば，先述したように，ゴミの出し方について調べてきたNさんの事実を取り上げ，「なぜごみを分別しなければいけないのか？」という問いをつくるような場面です。

　2つ目は，子どものあり方をもとにするパターンです。子どもの実態を踏まえ，「この子」の存在から出てくる問いです。たとえば154pのNさんの見取りから，Nさんが社会的問題に敏感に反応する傾向が高い子だと教師が捉えていれば，何かの問題に刺激されたり触発されたりした際に，Nさんから出てくる問いが予想できるということです。日本がごみを海外に輸出してい

るという事実を調べた際に「ごみを外国に出すことは仕方ないのか？」といった問いが生まれます。Nさんの問題意識を起として，他の子たちの問題意識の発展も臨まれます。

4 「この子」の見取りから考える

このように，子ども研究をもとにして子どもの側から問いをつくるには，「この子」に対する確かで豊かな見取りが必須となります。図4のカルテを参考にするのであれば，私が特に大切だと思うのは「ハ」です。折に触れて「この子」の事実から「この子」に対する解釈を入れることが重要です。「この子」の見取りは「この子」のくらし，興味関心，人やものとの関係性によって大きく変化します。時間的に変化していく中で教師の解釈を加え，「こ

「カルテ」とは

イ　カルテは教師が自分の予想とくいちがったものを発見したとき、すなわち「おやっ」と思ったとき、それを簡潔にしるすべきである。したがって一時間にひとつでもよい。それでも一日に数個は書ける。一週間やればひとりの子にひとつずつくらいにはなる。それを二か月つづければ、ひとりにつき最低四つ五つはメモできるであろう。あまりデータが多すぎては、かえって成功しにくいとも言えるのである。

ロ　時間中にちょっと書きとめることが肝要である。授業直後に補足してもよいが、それにたよるようだと長つづきしにくい。子どもたち相互のディスカッションを活用すれば、メモする余裕にはこと欠かぬかずである。

ハ　それぞれの子どものデータを、二か月に一度くらい、つなぎ合わせて統一のための解釈を行う。けれどもその時結論をあせらず、むしろ味わうことがたいせつ。しだいに眼が肥えてきて、やがてレベルの高いメモが作れるようになる。

ニ　つなぎ合わせが生きるためには、つなぎ合わせにくいデータであることが必要である。いわば違った眼でとらえられたものであることが、互いに矛盾し合うものであることがだいじである。だから同一一教科のものだけではおもしろくない。データのあいだの距離が、長い眼で見つづけていると、いつのまにかしぜんにうまっていくところに妙味がある。

ホ　だからカルテに決まった形式はない。形は個人個人が使いやすいように考えるべきだし、だんだん変化発展もするだろう。カルテは教師がイマジネーションをぞんぶんに発揮してたのしむ場なのである。したがって、時々出してみては解釈と感想と期待とを書きつけることが望ましい。

上田薫/静岡市立安東小学校（1970）『ひとりひとりを生かす授業—カルテと座席表—』明治図書,pp.15-16.

図4　「カルテ」とは

第7章　子どもの側からの問い　161

の子」の現時点のあり方をさぐる必要があります。

　その際，子どもによっては一方的なものの見方や捉え方しかできないという一見マイナスの状態や，ものの見方や捉え方が十分に豊かにできるというプラスの状態も見られます。その事実をもとにさらに教師の解釈が入り，「自分の一方的な見方の捉え直しをしてほしい」「その豊かな考え方をよりよく発展してほしい」等，期待，願いをこめて教材や問いづくりがはじまることがあります。このような考えをもとにして，教師の立ち位置を教材側から子ども側に変えていく必要もあるのではないでしょうか。

5　子どもからの「問い」を見極める

　子どもから出してきたからと言って「何でもあり」なわけではありません。「この子」の問いを活かす価値が十分にあるのか瞬時に判断しなければいけません。教科の本質やその単元のねらいに結びつくか，子ども達の見方や考え方が深まるかどうかを見極め，子ども達の学びの文脈を踏まえての判断となります。

　この判断を支えるのは，教師の確かな社会認識と156pで示した単元の構想図，教材研究となるでしょう。「あ，これはこの単元を学習する目の前の子ども達にとってもこの子にとっても価値のある学習になるぞ」と直感する時です。ですので，一般化するのが難しいところではありますが，少なくとも子ども達をたどり着かせたい頂（ねらいや概念）を明確にすることと，目の前の子どもの学びの現在地と向かう先を明確にすることをしておきたいものです。

　また，子どものそれぞれの問いは大切にしたいです。その子の問いがその子の中で温められ，時には共有できるような環境をつくっていきたいものです。

〈参考文献〉

宗實直樹（2023）『社会科「個別最適な学び」授業デザイン　理論編・実践編』明治図書

上田薫・静岡市立安東小学校（1970）『ひとりひとりを生かす授業—カルテと座席表—』明治図書

池田満（1974）『個の生きている教室—カルテによる実践』明治図書

上田薫・水戸貴志代・森長代（1974）『カルテを生かす社会科—教師の人間理解の深化—』国土社

社会科の初志をつらぬく会（1988）『個を育てる社会科指導』黎明書房

築地久子（1991）『生きる力をつける授業—カルテは教師の授業を変える』黎明書房

3 子どもの発言の段階から考える

1 よい授業の条件

　日比裕（1978）[1]は，よい授業のことを「よい授業とは子どもの生活（その場所）と発達（その時）と個性（その人）に則し，それらを発展させる授業」としています。つまり，単に知識を伝えるだけでなく，子どもの豊かな成長と発展を促すための総合的なプロセスであるという考え方に基づいています。

2 子どもの発言の五段階

　そのよい授業とはどういうものかを，日比が授業内の子どもの発言に着目

子どもの発言の五段階

第一段階	ものを言わない子ども，紋切り型の発言しかしない子どもが，断片的，羅列的発言でよいから思ったこと，感じたことを自由に発言するという段階
第二段階	長い発言ができるようになり，事物を詳しく，また相互に関連づけてとらえ，自分の気持ちも表現することができるようになる段階。この段階では視点の転換ということ，複数の視点から事物をとらえるということが可能になる。
第三段階	自己と他の子どもとの考え方や感じ方の関係を認識することができる段階。他の発言との共通点，対立点を明らかにしたり，他に対する興味ある点や疑問点を意識し，それを表明する発言のできる段階。他との関係で事自己をとらえることのできはじめる第一歩。
第四段階	自他の関係（疑問点・共通点・対立点等）を学習発展の契機にする発言のでてくる段階。ここでは，自他の関係に含みこまれている問題を発展的にとらえようとする子どもたちの体制が成立してゆく。
第五段階	第4の発展の必然的な結果として，子どもの発言に個性的な構造（想像の結実）が見られるようになり，それらの個性的な発言のひびき合いの場が成立する段階。この段階では，子どもの発言はむしろ短くなり，ユーモラスな発言がよく見られるようになる。

日比・重松鷹泰(1978)『授業分析の方法と研究授業』学習研究社.pp35-36.をもとに宗實が作成

図1　子どもの発言の五段階

して示したものを図1のようにまとめました。

　発問した後の子どもの発言を見ることで，自身の学級がどの段階にいるかということの参考になるのではないでしょうか。

　これらの段階に対応するように考えられる発問の役割が図2になります。

教師の発問の役割	
第一段階	子どもの自由な発言を可能にする発問の役割
第二段階	長い発言（視点の転換）をうながす発問の役割
第三段階	自他の関係の認識を意識化させる発問の役割
第四段階	自他の関係を学習発展の契機とすることを実現する発問の役割
第五段階	個性的な構造をもつ発言のひびき合いを成立させる発問の役割

子どもの発言の5段階と対応したかたちで，教師の発問の役割を考えることができる。
教材が5つの発問の役割を実現しやすいかどうかを検討していく必要がある。

日比裕・重松鷹泰(1978)『授業分析の方法と研究授業』学習研究社.をもとに宗實が作成

図2　教師の発問の役割

さて，それぞれの段階の発問の具体はどのようになるでしょうか。例えば，

第一段階「今日の授業で一番興味深かったことは何ですか？自由に話してみてください」

第二段階「もし他の文化や国からその問題を見たら，どんな意見が出ると思いますか？異なる視点から考えてみましょう」

第三段階「クラスの友だちが，この問題に関してどんな意見をもっていると想像しますか？その理由も話してみてください」

第四段階「他の人の提案から学ぶことは何ですか？また，あなたは他の人に何を教えることができますか？」

1　日比裕・重松鷹泰（1978）『授業分析の方法と研究授業』学習研究社, p.35

> 第五段階「あなたなりの方法でこの問題を解決するとしたら，どんなアイデアを試してみたいですか？それは他の人とどう違いますか？」

などが考えられます。

　これらの発問は子どもたちに自ら考え，意見を述べる機会を促すことを目的とし，教師が子どもの思考プロセスを深め，学習の質を高めることになります。各段階に対応した発問を行うことで，子どもの学びに対する自律性と参加意欲を促進することができます。

　これらは発問だけで考えるだけではなく，その際の教材が発問の役割を発揮しやすいものかも考える必要があります。発問を機能させ豊かにするのは教材です。豊かな教材があるからこそその発問の役割が活きます。そして，発問と学習者である子どもとの関係が重要であることは言うまでもありません。

3　子どもの側から組み立てる

　よい授業は，子どもたちの発言を土台として築かれます。教室での学びの場は，子どもの声に耳を傾け，子どもの視点から問いを立てることで，より深い学びへとつながる道が開けます。子どもたちの関心や好奇心を引き出すための発問を設計することによって，よい授業の実現に近づけます。

　授業中に子ども一人ひとりの思考を促進し，探究心を喚起するためには，子どもの経験や既存の知識に根差した問いが不可欠です。たとえば，身近な題材を用いた問題設定は，子どもが関心を持ちやすく，発言を促します。ここで重要なのは，単に知識を問うのではなく，子どもたちの感情や価値観に触れるような発問を行うことで，自己表現を促すことです。子どもたちの多様性を認識し，それぞれが持つ個性的な思考パターンや理解の過程を尊重するものであるべきです。

　授業を子どもの側から組み立てることは，教室をダイナミックで参加的な

学習の空間に変える機会となります。日比は，よい授業を子どもの発言から
イメージし，発問をそれに対応するように考えました。私たちも「よい授
業」のイメージを描いた上で，どのような発問をするべきか考えることの重
要性を感じさせられます。また，発問によって子どもたちの内面に深く働き
かけることが，さらに「よい授業」を創出する鍵となるでしょう。授業分析
は子ども理解。子どもの側から問いを組み立てることを考えたいものです。

〈参考文献〉
日比裕・重松鷹泰（1978）『授業分析の方法と研究授業』学習研究社

第8章

学習者主体の授業を考える

1 子どもを支え,受ける教師の態度

1 「支援」を考える

■「支援」はいつから?

「子ども主体」や「学習者主体」という言葉がよく使われるようになり,それらに関する授業実践も多くなってきました。その際の教師の役割として,「支援」という言葉が目立ちます。

「支援」という言葉の出所は,指導要領の改善に関する調査研究協力者会議が,1991年(平成3年)に報告した「小学校及び中学校の指導要録の改善について(審議のまとめ)」の中にあると考えられます。

その「Ⅰ改善の基本方針」の2のところで,次のように述べられています。

> したがって,学習指導を進めるに当たっては,児童生徒の自己実現を目指す学習活動を支援する立場に立って,児童生徒一人一人の可能性を積極的に見いだし,それを伸ばすよう努めなければならない。[1]

学習指導に関連する公式文書の中で,はじめて「支援」という用語が使用されました。その後,文部省関係者の論説の中で「支援」が主張されたものが多くなりました。

文部省が1993年に刊行した『新しい学力観に立つ教育課程の創造と展開―

---

[1] 小学校及び中学校の指導要録の改善に関する調査研究協力者会議 (1991)「小学校及び中学校の指導要録の改善について〔審議のまとめ〕」, p.168

小学校教育課程一般指導資料』の「教育課程一般：新しい学力観に立つ教育課程の創造と展開」の第二節「新しい学力観に立つ学習指導の構想と展開の視点」で，次のように述べられています。

　このような学習指導においては，学習活動を子供一人一人がそのよさや可能性を生かし，豊かに生きていくことができる資質や能力を自ら獲得したり，高めたりしていく過程としてとらえ，教師は子供たちの立場に立ってそれを支援するという指導観に立つことが肝要である。[2]

　子供一人ひとりが豊かに生きていくことができる資質や能力を自ら獲得したり，高めたりしていくことができるようになることを目的に，教師はその過程を「支援」するということです。

　文部省は，この「指導資料」を発行することで，教育界に「支援を中心に据えた新しい指導観」を正当化しようとしました。この方針により，教育現場は「支援」という概念に染まり始めました。しかしながら，「支援」は「指導」の一環として理解されていました。つまり，教師の役割としての「支援」は，「指導」の具体的な活動の一つとされていたのです。

　しかし，「支援」の重視に伴い，教師の見えないところでの努力が増え，それはより困難なものとなりました。この新しいアプローチが「放任」と誤解されると，教師の無責任さを助長しかねません。「支援」が強調される中，多くの教育関係者は「指導」の重要性を再評価すべきだと主張しました。

　「指導はもはや必要ないのか？」「『支援』という名の下の放任ではないのか？」といった疑問が持ち上がりました。子どもの学習意欲を喚起するためにも，教師の「指導」の役割は重要です。また，教師は子どもの「支援」に徹するだけでなく，「指導」を通じて子どもたちに必要な知識やスキルを身

2　文部省（1993）『新しい学力観に立つ教育課程の創造と展開―小学校教育課程一般指導資料』東洋館出版社，p.16

に付けさせる信念ももつべきです。

　結局，教育の理想像としては，子どもの主体的な学習を教師が側面から「支援」する形が求められていました。

■教師の役割

　さて，私は，この「指導」と「支援」をあえて分けて考えました。教師が子ども達にどのように関わっていくのかという教師の役割を明確にすることが，学習指導上で重要な問題だからです。

教師の役割

教師の役割			
指導 ある意図された方向に教え導くこと		支援 他人を支えたすけること	
直接指導	間接指導	直接支援	間接支援
教授型授業など、教師の意図的なはたらきかけ	学習形態の工夫、学習資料やICT機器を活用したはたらきかけ	教師が子どもに訊いたり面談したりしながら直接関わる支援	物的な環境や人的な環境を整え、活動の場を調整しながら間接的に関わる支援
・発問 ・指示 ・説明 ・評価とフィードバック	・グループ学習やペア学習 ・ワークシートやミニホワイトボード ・子どもの見取り ・教材研究	・面談 ・カウンセリング ・傾聴する ・問いかける ・促す ・価値づける	・教師が笑顔でいる ・心理的安全性をつくる ・委ねる ・調査 ・観察

宗實（2022）

　「指導」と「支援」について，国語辞典『大辞林第四版』では，次のように記されています。

指導＝ある意図された方向に教え導くこと。
支援＝他人を支えたすけること。

「指導」は子どもを教え導くこと，「支援」は子どもを支えることが大きな役割だと考えられます。「教え導くこと」と「支えること」はどちらも大切な教師の子どもに対する関わり方ですが，捉え方の枠組みが大きくなります。そこで，もう少し細かく次のように分けます。

・直接指導→教授型授業など，教師の意図的な働きかけ。
・間接指導→グループ学習やペア学習という学習形態，ワークシートやミニホワイトボードなどの学習資料やICT機器を活用した働きかけ。
・直接支援→教師が子どもに訊いたり面談したりしながら直接関わる支え方。
・間接支援→物的な環境や人的な環境を整え，活動の場を調整しながら間接的に関わる支え方。

■教師の直接支援と間接支援
　教育の現場では，「学習者主体」という概念が強調され，それに伴い支援の側面が重要視されるようになりました。しかし，「学習者主体」が子どもに無制限の自由を与えることを意味するわけではありません。それは子どもが自ら選択し，学習過程を自律的に進めることを指しています。
　このような学びの環境を整えるためには，教師の適切な関わりが必要です。教師は直接的な支援として，「促す」「声をかける」「問いかける」「価値づける」「考えさせる問いかけをする」「フィードバックを提供する」「判断や選択の方法を教える」「学び方を指導する」といった行動を取ります。また，間接的な支援としては，「子どもが自己表現をするための環境を整える」「協働学習の場を提供する」「個々の最適な学習を促す」「学習材料や方法を工夫する」「子どもの裁量権を増やす」などの活動があります。
　加えて，教師の存在自体が子どもにとっての支援になり得ます。子どもが教師の存在を感じることで安心して学習活動に取り組むことができれば，それは大きな支援となります。支援は技術だけでなく，教師の教育に対する理

第8章　学習者主体の授業を考える　173

念や子どもに対する洞察力によって大きく左右されるものです。

　学習者主体の授業を実現するためには，教師が主導することも重要です。さらには，「共主体」の概念が求められます。主体性は個々人の中に内在するだけでなく，共同体の中で相互に影響し合いながら発生するものです。そのため，協働することで新たな価値や学びが生まれるのです。

2　支援的発問

　嶋野道弘（1996）[3]は，「発問の真義は一見遠回りに見える方法をとりながら，子供に思考の場や正しく判断する機会を与え，自発的態度を育てようとするところにある」と述べます。子どもの自発的態度を育てるというところに重点を置いていました。

　また，嶋野は生活科における「支援的発問」づくりの視点として次の３点を挙げます。

1　子供の側にあることを引き出して伸ばす
2　具体的な活動や体験を広げ，深める
3　その子なりのかかわり方を励ましたり助長したりする

　これらは子どもの具体的な活動や体験を促すことをもとに考えられています。つまり，学習者である子どもが主体となることが前提です。

　嶋野はそれぞれの点について具体的な発問を紹介しています。

■子どもの側にあることを引き出して伸ばす

　例えば１では，身近な自然物である石をもちいた学習の際，次のような発問が考えられると紹介します。

3　嶋野道弘（1996）『生活科の子供論—１人１人が輝いてみえますか—』明治図書，p.118

A「これはなんですか？」
B「これは何の形ですか？」
C「これは何の形に見えますか？」

　A，Bの答えは教師の内にあり，子どもはそれを言い当てるように教師の意図をさぐるようになります。一方Cは，子どもが思ったことを言えばいいので，さまざまな答えが出るようになり，時には教師の想像を超えたような発言も出てきます。つまり，Cの発問は子どもの内にあるものを教師が引き出して伸ばそうという意図がある発問です。少しの問いかけの違いでこれだけ大きな違いが生じます。

■具体的な活動や体験を広げ，深める
　2では，自分たちの市のマークを提示して，次のような発問を紹介します。
A「これは何のマークですか？」
B「このマークがついているところを知っていますか？」

　Aは，「市のマーク」と答えておわりますが，Bは「歩道，ゴミ収集車，市役所」など，より多くの発言が期待されます。それに触発された子どもたちが「学校の来る道にあるよ」などと答えることもあります。

　このようにして，子どもの生活経験の掘り起こしをしています。

　その他，社会科の授業でも同じような事例が考えられます。3年生の社会科で，信号機や横断歩道などみんなの安全を守るものを学習した後に「他に何があるか知っていますか？」と問うよりも，「他にこのようなものを見たことがありますか？」の方が，より多くの子どもが答えやすくなります。既有知識がなくても，見たことや聞いたことなど，自分の経験で答えることができるからです。また，子どもの生活経験をもとに意見が広がり，「あ〜，それ見たことある！」「○○の近くにあるよね」などの反応も広がり，豊かに授業が展開されます。

第8章　学習者主体の授業を考える　175

■その子なりのかかわり方を励ましたり助長したりする

　生活科は，具体的な活動や体験をしている中の子どもの様子を捉えて，個別に問うことが大切だと嶋野は述べます。

　例えば，木の葉や木の実を使って同じようなワッペンを何個も作っている子に問いかけます。

　「どうしてワッペンばっかりいっぱい作っているの？」

　子どもは答えます。

　「うん。家の人のみんなのぶんを作っているの」

　よく見ると，一つ一つに工夫が懲らされているのがよくわかります。その子の対象への関わり方を観察し，問いかけることでその意図や想いを汲み取ることができます。そして，その行為を教師が認め，「お家の人，みんな喜ぶね」などの励ましの言葉もかけられるようになります。

　また，行動だけでなく，その子が対象と関わることで考えたことや閃いたことに対して「どうしてそう考えたの？」「何かおもしろいこと思いついたの？」と問いかけることで，その子の思考や発想の源を探ることもできます。そこからまたやりとりすることで，さらに豊かな活動になるでしょう。

　これらの視点は，生活科に限らずにどの学習でも大切にしたい視点です。

3　学習者主体の授業で使う教師の言葉

　子どもの主体性を育むためには，単に表面的な行動を引き出すだけでなく，子どもたちの価値観や志向を肯定的にサポートする働きかけが必要です。教師は形式的な働きかけに陥ることなく，子どもの価値志向性を促進するための働きかけを意識する必要があります。

　そのため，「学習者主体の授業」を考える際，教師の立ち位置や言葉かけ

4　子どもの主体性や言葉かけに関する点については，本書の姉妹書とも言える『子どもの主体性を育む言葉がけの作法』を参照したい。

176

について考える必要があります[4]。子ども達がやる気になる必要があります。たとえば，学習者主体の授業で教師がよく使いそうな言葉を図1のようにまとめました。

学習者主体の授業でよく使う教師の言葉

助言	「〜してみよう」「〜を見てごらん」
提案	「〜するのはどう？」「〜もおもしろくない？」
質問	「どうする？」「どうしたい？」「どうだった？」
価値づけ	「いいね！」「おもしろい！」「さすが！」

▶子どもと横並びのフラットな状態をつくる

図1　学習者主体の授業でよく使う教師の言葉

　子どもが主体的に学んでいる時に，教師は助言したり，提案したり，質問したり，価値づけしたりすることが多くなります。子どもの様子を見て，的確に捉えるからこそ出る言葉です。これらは，教師が子どもと横並びになり，フラットな状態の時によく使われます。同じ目標に向かって同じものを見ながら協働的に進み続ける関係性でありたいものです。

■子どもに質問する
　例えば，2023年度の学習では，社会科を中心として，他の県の学校（埼玉

第8章　学習者主体の授業を考える　177

県，熊本県）と交流を続けていました。都道府県新聞を作成し，お互いの新聞を見てコメントしながらやり取りしました。次の単元「地域で受け継がれてきた祭り」の学習をする際，「この単元のまとめはどうしたい？」と質問しました。すると，子ども達から「兵庫県新聞の時のように新聞を作成してやりとりしたい」「今度はPagesで作成したい」などの声が返ってきました。「じゃあ，最後にPagesなどを使って1枚ものを作成し，他の県の子ども達にデータで送る？」などとやりとりしながら決定しました。自分たちで決めた目標なので，活動も進みました。

その他，国語の説明文を学習する際，「今回はどのようにして学習していきたい？」と質問しました。「自分たちで読み解いていきたい！」という声が挙がりました。子ども達は一斉授業や自由進度的な学習など，さまざまな学習形態の経験があります。子どもが今までの学習を想起しながら自分たちがやりたいことを出してきます。

その際の説明文のポイントは次のように明示しました。

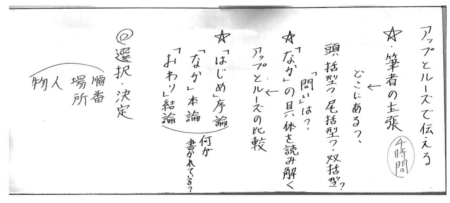

図2　4年生国語「アップとルーズで伝える」の板書

そして，図3のように一度プレ教材としての説明文の授業を一斉で行い，そのポイントを押さえた上での判断としての学習形態となりました。

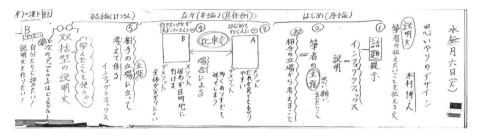

図3　4年生国語「思いやりのデザイン」の板書

　子どもたちが自分たちで選んだ学習法なので，それぞれが責任をもってそれぞれの方法で学習を進めました。

　すべて子どもの提案通りにすることは難しいとは思います。しかし，学校現場では，もう少し子どもに問いかけて，やり取りしながら子どものやりたいことや想いを引き出す時間や場面を増やしていくことが大切なのではないかと考えています。

■働きかける子どもの姿

　「何がしたい？」「どうしたい？」という質問を重ねていくと，どんどん子ども達が働きかけるようになります。たとえば，2年生の国語「ようすを表す言葉」の学習です。学習を終えようとした時にある子が，「先生，オノマトペを使って2年C組の表現をしてみたい！」と言い出しました。それはおもしろそうだとみんなにも問いかけてみたところ，みんな賛成でした。「何をするの？」と私が訊くと，「たとえば詩にしたり，動画にしたり…」「ロイロで詩を作ってみんなで共有したいな」などと返ってきました。「じゃあ，詩をつくってみようか！」と声をかけると，子ども達は外へ飛び出していきました。

第8章　学習者主体の授業を考える　179

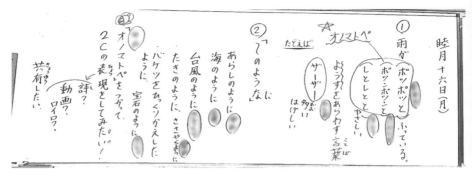

図4　2年生国語「ようすを表すことば」の板書

図5　詩を書いている子どもたち（2年生）

　子ども達は個々に交流したりやり取りしたりしながら，さまざまな作品をつくって楽しみました。

　子どもに問いかけ，子どもの意欲を引き出し，どんどん対象に働きかける姿は，低学年から積み上げていくことをおすすめします。「勉強は，教師が話すことをじっと聞くものだ」という概念を壊し，どんどん自分たちで働きかけて動いて学習していくものだという認識を子どもにもたせることが重要です。実際，過去に私が担任した高学年の子どもの意見として「自分で選んで自分たちで進めることができる授業なんて新鮮です」と言った子がいます。

図6　子どもの詩の作品（2年生）

それだけ自分たちで選択したり決めたりする学習が少なかったからかもしれません。子どもに問いかけ，子どもが選択したり決めたりしながら子どもの主体性が発揮される授業や学習を多くしていきたいものです。

4　子どもの言葉の受け止め方・拡げ方

■問い返し

　子どもの言葉をまずは受け止め，そこからその意味や根拠を引き出す「問い返し」があります。

　盛山隆雄（2021）は，「問い返し発問」を次のように定義づけています。

> 　子どもの呟き，発言，動作，記述などの様々な表現に対して，その意味や根拠，よさを問う発問である。
> 　応用として，子どもの表現に対して，反論をしたり，別の案を出したりして，子どもの思考を揺さぶり，新たな見方や思考を引き出すために行われる発問である。

第8章　学習者主体の授業を考える　181

また，「問い返し発問」を以下の8つに分類しています。

---

① 意味を問う（数学的表現を引き出す）

「それはどういうことかな？」

② 理由・根拠を問うⅠ（数学的な見方・考え方を引き出す）

「どうしてそうなるのかな？」

③ 理由・根拠を問うⅡ（発想の源を引き出す）

「○○さんはどうしてそう考えたと思う？」

④ 続きを問う（解釈を引き出す）

「この続きをどう説明すると思う？」

⑤ ヒントを問う（数学的な見方・考え方を引き出す）

「みんなが気づくには，どこを見ればいいかな？」

「何をもとに考えればいいのかな？」

⑥ 他の表現を問う（数学的表現を引き出す）

「この式を図で表すとどうなるのかな？」

⑦ 思考や表現のよさを問う（数学的な態度を引き出す）

「この図はどこがわかりやすいのかな？」

⑧ 否定的に返す（数学的な見方・考え方を引き出す）

「それって偶然できたんじゃない？」

「こちらの方がよくないかな？」

算数を例にしていますが，これらは他の教科でも汎用的に使える発問です。

その子の発想や考え，想いを引き出し，発展的に学習が広がる可能性を秘めた発問だと考えられます。

たとえば，4年生「特色のある県内の地域」の学習で，地域活性化に向けて取り組む人々の活動に着目して話し合います。

Aさん「丹波篠山市では，焼き物がたくさん作られているんだよね」

Bさん「この作品には○○さんの想いがいっぱい詰まっていると思います」

教　師「今，○○さんの『想い』って言いましたが，それってどういうこと
　　　ですか？」
Ｃさん「だって，昼も夜も関係なく，来てくれる人に喜んでもらおうと細か
　　　いところまで工夫して作っているから…」
Ｄさん「それ，わかる！私だったら途中であきらめてしまいそう」
などの言葉が続きます。

　この「想い」という言葉は非常に抽象的な言葉です。問い返すことで，そ
れを裏付ける様々な事実や考えを引き出すことができます。その事実や考え
は子どもによって違うので，授業の内容もより豊かになります。

　「想い」というような抽象的な言葉は社会科授業の中で多く出てきます。
例えば，「工夫」「努力」「意味」「特色」「働き」「大変」「願い」「暮らし」
「盛ん」などです。抽象的な言葉で様々な解釈ができるからこそ，問い返す
ことでその子らしい発言が期待できます。

　問い返し発問を行う際のポイントは，目標を明確にしておくことです。
「子どもが○○という表現ができたら本時の目標は達成」というレベルまで
絞ります。目標につながる言葉や，その子らしい言葉を引き出すために問い
返します。

　また，教師が問い返すだけでなく，「何が大変だったの？」「○○の特色っ
てどういうこと？」「Ａさんが言った『努力』の意味をもう少し詳しく教え
てくれる？」など，子どもがお互いに問い合うことができるように促します。
このような機会を多く設けることで，子ども達は問いを自分たちのものにし
ていくことができます。

　そのために，発問した後は「間」をとり，子どもの発言を教師がすぐに翻
訳しないようにします。聴いている子どもが友だちの言葉を受け，その子の
発言を解釈することを促します。子ども同士で言葉を紡いでいけるようにし
ます。

第８章　学習者主体の授業を考える　183

■知らない側に回る

子どもが発言した際，教師がすぐに答えるのではなく，「ん？どういうこと？」とあえて知らない側に回ることで子どもの発言が広がり，子どもが動き出します。

その子が「だから…」「つまり…」と，わかってもらおうと一生懸命説明しはじめます。そうすることでより科学的に洗練された発言になっていきます。

また，「○○さんの言いたいことは…」「要するに○○さんは…」と言いながら，周りの子どもたちがその子の発言の意味を吟味しようとするので，学級づくりの視点としても効果的です。「ん？どういうこと？」というたった1秒の返しの言葉ですが，子ども達から多くのものを引き出すことができます。

教師が子どもの言葉を解釈してしまうことがありますが，それをすると子どもは本当の意味で考えなくなります。意味があいまいであったり，言葉足らずであったりする際は，その子や周りの子に説明するように促します。

授業では，教師が知っている側，わかっている側に立つことが多いですが，そうなると子ども達は「間違い」を指摘されることを恐れ，臆病になってしまいます。そこであえて教師が知らない側，わからない側に回ると，子ども達はそれを補おうとします。いつも子どもの前に立っている教師の立ち位置を，少し後ろに下げるだけで，子どもたちはよく表現するようになります。

〈参考文献〉

日本教育方法学会 編（1993）『いま，授業成立の原則を問う』明治図書
井上正明（1995）『新学力観に立つ学習支援システム』明治図書
小学校及び中学校の指導要録の改善に関する調査研究協力者会議（1991）「小学校及び中学校の指導要録の改善について（審議のまとめ）」
文部省（1993）『新しい学力観に立つ教育課程の創造と展開—小学校教育課程一般指導資料』東洋館出版社
文部省（1995）『小学校社会指導資料　新しい学力観に立つ社会科の授業の工夫』大阪書籍
若松俊介・宗實直樹（2023）『子どもの見方が変わる！「見取り」の技術』黎明書房

嶋野道弘（1996）『生活科の子供論─1人1人が輝いてみえますか─』明治図書
盛山隆雄（2021）『思考と表現を深める算数の発問』東洋館出版社
宗實直樹（2021）『深い学びに導く社会科新発問パターン集』明治図書

② 子どもの内なる「問題」を育てる

1 「問題」をもつのはだれか

東井義雄・八鹿小学校（1969）は，次のように述べます。

> 問題意識を持たない子どもにも問題意識をゆり動かし，問題意識をもっている子どもには，さらにもっとほん気な，真剣な，深い，広い，確かな問題意識に育てあげることが，「発問」の役割，というものではないだろうか。[1]

発問は，子どもの疑問を解消していくためにあるというよりも，子どもの側にある「問い」を「育てる」という考え方が必要です。つまり教師の発問は，子どもの問題意識を育てるために重要な役割を果たすということです。

また，次のようにも述べます。

> 教師は「問」を子どもに投げかけることよりも，ひとりの「問題」をみんなの「問題」にひろげること，「問題」を深めること，「問題」のひろがりを育てること，「問題」のとらえ方や追求の仕方，解決への努力のあり方，などについてねうちづけをしてやること，つまり「助言」的発言，「司会」的発言の方が多くなってくるものである。[2]

1　東井義雄・八鹿小学校（1969）『学力観の探究と授業の創造』明治図書，p.74
2　東井義雄・八鹿小学校，前掲書，p.78

「問題」をもつのはあくまでも子どもであり，教師ではないことが強調されています。子どもがもともともっている問題に気づいたり，深めたり広げたりすることなど，その姿や方法を支えたり促したりする役割を教師が担うことが重要です。そうすることで子どもの意識も変わってきます。教えてもらうという姿勢から，自分たちで学びとっていこうとする姿勢になります。教師が「問い」を与えるだけでなく，子どものもっている「問い」を共に育て，1人の「問い」を広げて学んでいくという考え方です。

　私がよく使うのは，「あなたたちはどう思う？」という問いかけです。答えを求めているのではないので，子どもたちは答えやすいです。1人が答えるとその答えに被せるように発言し，どんどん広がっていきます。その中から新たな「問い」も生じます。

　「○○さんはここが疑問に思ったみたいだけど，●●さんはどうですか？」
　「○○さんが感じたことに対して，みなさんは思うことないですか？」
などと，1人の考えから広げるようにします。そうすることで，子どもたち自身が自分たちで広げるようになってきます。答える楽しみだけでなく，「問い」を出し合い，広げ合うことの楽しみを感じるようになります。子どもが「問い」を出す主体であり，それを受け止め拡げる教師の支援が必要です。

2　選びとった問い

　西郷竹彦（1975）は，教師の発問がおしつけになっていることが多いのではないかと指摘します。また，教師の問いと子どもの答えの関係の出発点として次のように述べます。

　子どもたちが作品を読んでいて，ただ漠然と，しかしどこか潜在的に何かがうずまいているときに，そこで問われた教師の問いが，それを意識のおもてに引きずりだす瞬間何かこうわかりたくなって考えたくなり，

> それをまわりの友だちとも話したくなるというふうになったときに，それは形の上ではあたえられた問いであっても，本質的には子どもにとって，選びとった問いとなるのです。[3]

　子どもの内面や子どもが問いを受け取る態勢を考えずに，矢継ぎ早に教師が発問を重ねるようでは子ども自身の問いにはなりません。子どもの内面で「潜在的に何かがうずまいている」その時を教師が察知し，問いかけるからこそ子どもはその問いに自らとびこんでくるようになります。きっかけは教師が与えているかもしれませんが，子どもが選びとるものになります。

　「潜在的に何かがうずまいている」瞬間がどういう時なのかを常に探り，その瞬間を逃さないように子どもたちに働きかける教師の態度が必要です。そこに，子どもが主体性を発揮するヒントがあることに気づかされます。

3　子どもは「問う」存在

　子どもと「問い」の関係について，長岡文雄（1985）は，次のように述べます。

> 　私は，子どもは，もともと「問う存在」と信じている。そして，「この子」の「問い」を太らせ，追究を徹底させることを，人間教育の本道と考えている。[4]

　理科や社会科では，問題解決的な学習が重要視されますが，その「問題」がどこから生じるものかを考えなければいけません。そして，その子の「問題」を引き出し，問いかけることでそれを表出されることが必要です。

3　西郷竹彦（1975）『せりあがる授業　文芸教育の立場から』黎明書房，p.92
4　長岡文雄（1985）「子どもの「問題」をどうしてとらえるか」『考える子どもNo.159』p.39

そのためには，子どもが表現する機会を多く設けなければいけません。問いは子どもがもっています。子どもは問うものという考え方をもって，子どもにどんどん表現させることが必要です。子どもの表現をうけとめ，そこからその子の「問題」を捉えていきます。

たとえば長岡は，子どもが表現する場として，「朝の『友だちの話』と，おたずね」「毎日朝（日記，くらし帳，考え帳）」「『近ごろ変わったこと』という題での毎月一回の作文」「『しごと』（社会科・合科）のノート」「『なかよし』（特活）での活動」などを用意していました。

その中でも長岡は，子どもたちに毎月書かせていた「近ごろ変わったこと」という作文を重視していました。「近ごろ変わったこと」という文題の作文を長岡が思いついたのは，1961年だと述べます。1年生を担任し，「近ごろ変わったことがあるの？」と質問した際，子どもの思いがけない発動に接し，「これはいける」と長岡は感じたようです。それから毎年毎月作文を書かせ続け，蓄積していきました。長岡（1986）は，

> この作文には，児童の具体が顔を出す。とくに，『この子』にとっての，最も新鮮なもの，生きる先端にあるもの，または彼を動かしている土台になっているものや，そのつながりが見えるので，私の学級経営は，急に厚みを増すことになった。[5]

と述べ，この作文の有効性を次のように，8つ挙げます。

①どの児童も書く内容をもつ。
②児童が，自分自身のための楽しみとして書きやすい。
③児童の広い，なまの生活が現れる。
④児童の関心の所在や，思考のまとまりが見えやすい。

5　長岡文雄（1986）「教育実践者の児童理解」『教育方法学研究　第11巻』p.125

⑤個性的な思考体制が姿を現す。関心の対象，拡がり，方向，まとまり，追究のエネルギーがわかり，心のひだに迫ることができやすい。

⑥毎月定期的に書くので，個人的にも学級的にも児童の成長がわかりやすい。長期的な見届けで，成長の筋がみえる。

⑦児童の学年的，学期的発達の特性がわかりやすい。私が，一年生～六年生と，持ち上がり制担任（児童の組替えはする）をするので調べやすい。3回繰り返せたので，その表れを重ね，時代の変遷と，児童の発達の特性の変化もさぐれる。

⑧授業の組織化や授業の発展の評価に役立つ。授業の教材も入手できるし，授業の成果が生活に浸透する様子もわかる。

長岡は，しばしば思いがけない子どもの世界に出会うと述べていますが，子どもの世界には，その子が関心を寄せているもの，熱中しているものなどを垣間見ることができます。そこにはその子のもつ「問題」らしい構造が見えかくれします。

今，問題解決的な学習がすすめられていますが，そもそも子どものもつ「問題」とは何なのかを明確にし，その子にとっての「問題」を解決していく，問題解決学習にしていくことが重要なのかもしれません。

4 内から発動する問い

長岡（1986）は，次のように述べます。

　私は，先に，「技術化」を瑣末のことのように記した。しかし，教育は技術なしでは動かない。発問技術も板書技術も必要である。技術は習得しなければならない。けれども，人間の根源に培うところの，個を育てる発問や板書には，すでに大きなちがいがひそんでいるのである。表面は何となく同じに見えながら，根は異なった世界にある。このことを

わきまえた技術化でありたい。[6]

　そして，それを前提として，1年生の動物園の遠足のあと，「象はどんな動物でしたか」という発問ではなく，「象さんにお尋ねしたいことがあるの」と発問しました。2つの発問の違いはどこにあるのでしょうか。

　どのような発言内容かは記されていませんが，長岡の「象さんにお尋ねしたいことがあるの」という発問のあと，子どもたち全員が乗ってきて多くの発言が続いたようです。長岡は，数人発表させたところで全員の声が一緒にすべて聞けないことを残念がりながらその旨を子どもに伝えました。すると，子どもたちは「先生，書いてあげる」と言い出し，書いて自分の思いや考えを長岡に伝えようとしました。まだ字が書けない子ども達もいましたが，書いて先生に伝えようとする熱が伝わってきます。長岡は，子どもたちが書いたものを集め，40人の内容を重ねてみました。すると，どの子にもその子だけの内容，教師の考えが及ばない内容があったようです。長岡はこれらを一覧できるプリントにし，子どもに配ることで友達や家族と共有できるようにしました。

　長岡は，子どもを大きく見直し，子ども同士もお互いを捉え直すことになったと考え，次のように述べます。

　入学して一ヶ月のことであったが，ここで，理屈なしに，「個の存在」「大事な自分，大事な友だち」に目を開かせたように思う。[7]

　つまり，対象を象の追究にあてるのではなく，象を媒体にしますが，それを通してお互いの個性やその子の見方や考え方を相互理解できる機会になったことを示しています。また，教師である長岡自身が子どもの表現から驚き，

6，7　長岡文雄（1986）「個を育てる教師―「本然の問い」への着目―」『考える子どもNo.170』p.17

子どもを捉え直すきっかけになっていると言えるでしょう。

　子どもたちが入学した入門期に，子どもたちの内から発動するような発問，問いかけをしていくことの重要性を感じさせられます。「象はどんな動物でしたか」と「象さんにお尋ねしたいことがあるの」は，同じ象を対象にした発問ですが，教師が何をねらっているかによって，問い方も大きく変わります。小手先ではなく，子どもの発動する姿を願って子どもの本音や子どもの生きる心を引き出すような発問のあり方を考えたいものです。

〈参考文献〉
東井義雄・八鹿小学校（1969）『学力観の探究と授業の創造』明治図書
長岡文雄（1985）「子どもの「問題」をどうしてとらえるか」『考える子ども№159』pp.38-41
長岡文雄（1986）「教育実践者の児童理解」『教育法法学研究　第11巻』日本教育法法学会
長岡文雄（1986）「個を育てる教師―「本然の問い」への着目―」『考える子ども№170』pp.16-21
西郷竹彦（1975）『せりあがる授業　文芸教育の立場から』黎明書房

おわりに

　私の好きな書籍に，藤岡信勝氏による『授業づくりの発想』と『教材づくりの発想』があります。これらは，教育内容，教材，教授行為，そして学習者の四つの重要な問題領域について論じた一冊です。2作目の『教材づくりの発想』では，後に発行されるはずだった『発問づくりの発想』という3作目が予告されていましたが，残念ながら日の目を見ることはありませんでした。私はこの未完のシリーズに強い関心を持ち，一種の憧れを抱いていました。そこに敬意を持ちながら，本書を『「発問」のデザイン―子どもの主体性を育む発想と技術―』と名づけるに至りました。できるだけ多く集めた発問に関する文献を土台とし，実践を通じて論じることを意識しました。発問とは何なのか，発問の構成をどうするべきなのか，子どもの主体的な学びにつながるような発問論を意識して著しました。

　『教材づくりの発想』の「まえがき」で，藤岡氏は次のように述べます。

　前著『教材づくりの発想』（1989年，日本書籍）において，私は，教師が授業づくりに当って区別して意識すべき問題領域として，①教育内容（何を教えるか），②教材（どういう素材を使うか），③教授行為（子どもにどのように働きかけるか），④学習者（それによって子どもの状態はどうなるか），の四つをあげた。前著を総論とすれば，②の「教材」の部分を各論として展開したのが本書に当る。
　本書は，前著および，のちに刊行される③の「教授行為」を中心に扱った『発問づくりの発想』とあわせて三部作を構成するシリーズの二冊目ということになる。

　本書では，当然③が中心になるわけですが，そこには①②④も絡んできます。特に④の学習者に関する点は，強く意識したところです。③→④にベク

トルが向きがちですが，④→③へのベクトルを強く意識するべきだと考えています。③は教授行為であると共に，子ども理解や子どもの内にあるものを引き出す行為であると考えます。発問の機能や分類，発問研究の歴史から，今後求められる発問観や考え方，技術について網羅的に記すことを意識しました。本書が，未完の三部作を完成させることを補う試みとして，教師や子どもにとっての発問の重要性を再認識し，学習の場をより豊かで意味深いものに変えるきっかけとなれば幸いです。

　発問について１から整理をするのにはずいぶん時間を要しました。類書や関連書籍をかき集め，今までの実践を分析しながら著していく中で，どんどんこだわりたいことが増えていき，それだけ時間がかかってしまったというのが本音です。長い時間，根気強く待ってくださった編集の及川さん，安田さん，ありがとうございました。及川さんには，いつもよきタイミングでお声がけをいただきます。自身の実践を振り返る機会を提供していただき，新たな視点を得られたことに感謝しています。上梓させていただくのは本書で８冊目となります。これからも共によろしくお願いいたします。

　発問は，子どもの学びを豊かにし，子どもを育てるための一つの手段に過ぎません。しかし，この手段を磨けば磨くほど，教師は子どもたちのニーズと能力をより明確に理解し，子どもたちをより効果的に支援できるようになるでしょう。発問をきっかけとして，子どもたち自身が問い続けられるようになることを願っています。

2024年７月　宗實直樹

【著者紹介】
宗實　直樹（むねざね　なおき）
関西学院初等部教諭。1977年兵庫県姫路市夢前町に生まれる。大学では芸術系美術分野を専攻し、美学と絵画（油彩）を中心に学ぶ。卒業論文は「ファッションの人間学」。大学卒業後、兵庫県姫路市の公立小学校、瀬戸内海に浮かぶ島の小学校を経て、2015年より現任校へ。研究主任を務める。2023年兵庫教育大学大学院学校教育研究科修了。修士（教育学）。修士論文は「ESD（Education for Sustainable Development）を意識した図画工作科〈ものつくり〉の教育――廃材・余剰材の教材活用を巡って――」。著書に『宗實直樹の社会科授業デザイン』（東洋館出版社）、『社会科「個別最適な学び」授業デザイン』『社会科の「つまずき」指導術』（明治図書）など多数。『社会科教育』（明治図書）では、「個別最適な学び」に関する連載を担当している。様々な場所でフィールドワークを重ね、人との出会いを通じて独自の教材開発を進めている。社会科教育、美術科教育、特別活動を軸に、「豊かさ」のある授業づくり、たくましくしなやかな子どもの育成を目指して、反省的実践を繰り返す。ブログ「社会のタネ」（https://yohhoi.hatenablog.com/）において、社会科理論や実践を中心に日々発信中。

「発問」のデザイン
子どもの主体性を育む発想と技術

2024年8月初版第1刷刊	©著　者	宗　實　　直　樹
2025年1月初版第2刷刊	発行者	藤　原　　光　政
	発行所	明治図書出版株式会社
		http://www.meijitosho.co.jp
		(企画)及川　誠 (校正)安田皓哉
		〒114-0023　東京都北区滝野川7-46-1
		振替00160-5-151318　電話03(5907)6703
		ご注文窓口　電話03(5907)6668

＊検印省略　　　　　組版所　中　央　美　版

本書の無断コピーは、著作権・出版権にふれます。ご注意ください。

Printed in Japan　　ISBN978-4-18-239921-3
もれなくクーポンがもらえる！読者アンケートはこちらから →

教師と保護者ための
子どもの学び×ＡＩ入門

福原 将之 著

子どもたちが将来ＡＩ格差に陥ることなく幸せに生きるために、私たちが今出来ることとは？教育における生成ＡＩの基礎基本と活用ポイントをまとめたトリセツに加え、最新の教育活用事例を取材をもとに詳しく解説します。ＡＩ時代の教師と保護者にとって必携の一冊です。

Ａ５判 160 ページ／定価 2,046 円(10% 税込)
図書番号 3141

令和型不登校対応マップ
ゼロからわかる予防と支援ガイド

千葉 孝司 著

近年また増加傾向にあると言われる不登校。コロナ禍やＳＮＳの影響など，不登校の原因も社会情勢や環境の変化により多様化してきています。正解がない令和ならではの不登校対応について、教師と子どもの場面別の会話例も入れて解説しました。明日の道標となる１冊です。

Ａ５判 144 ページ／定価 2,046 円(10% 税込)
図書番号 2411

『学び合い』
誰一人見捨てない教育論

西川 純 著

「一人も見捨てない」教育は、『学び合い』でどのように実現出来るのか。その基礎基本からつまずくポイント，読者からの疑問に応えるＱ＆Ａから『学び合い』の応用法、活かし方までを１冊にまとめました。個別最適な学びを目指すこれからの教育に必携の書です。

Ａ５判 176 ページ／定価 2,266 円(10% 税込)
図書番号 2634

苦手でもできる！
ＩＣＴ＆ＡＩ活用超入門
個別最適な授業づくりから仕事術まで

朝倉 一民 著

ＩＣＴやＡＩって言われても…という先生も必見！授業での子どものやる気向上と校務の効率化を実現する！！ＩＣＴ＆ＡＩ活用はじめの一歩。個別最適な学びを目指した一斉学習・個別学習・協働学習での活用法から学年別ＩＣＴ授業プラン，校務で活用する仕事術までを紹介。

Ａ５判 152 ページ／定価 2,266 円(10% 税込)
図書番号 1633

明治図書　携帯・スマートフォンからは　明治図書ＯＮＬＩＮＥへ　書籍の検索、注文ができます。▶▶▶

http://www.meijitosho.co.jp　＊併記４桁の図書番号（英数字）で、HP、携帯での検索・注文が簡単に行えます。

〒114-0023　東京都北区滝野川7-46-1　ご注文窓口　TEL 03-5907-6668　FAX 050-3156-2790

子どもの主体性を育む 言葉がけの作法

宗實 直樹 編著

子どもの主体性を育むためには，表面的な行動を引き出すだけではなく，子どもの価値観や志向を肯定的にサポートする言葉がけが必要です。「子どもを見守る言葉がけ」「支える言葉がけ」「引き上げる言葉がけ」など，子どもの意欲を高めて伸ばす言葉がけの秘訣を1冊に。

Ａ５判 136ページ／定価 1,980円（10%税込）
図書番号 3389

樋口万太郎・若松俊介 たりない2人の教育論

樋口 万太郎・若松 俊介 著

気鋭の著者2人が，教育・教師のあり方について余すことなく語る！2人の「教師観」「学級経営」「授業づくり」「教師の仕事術」を切り口に，学校や教師の理想とギャップ，学級経営や授業づくりで大切にしていることと考え方を語ります。今後の教育の羅針盤となる1冊。

Ａ５判 144ページ／定価 1,936円（10%税込）
図書番号 1062

ＩＣＴで変わる算数授業 はじめの一歩
1人1台端末を活かす授業デザイン

古川 俊 著

1人1台端末を活かすことで算数授業はこう変わる！算数授業におけるＩＣＴ活用の「はじめの一歩」を，実践例をまじえて丁寧にわかりやすく解説しました。すぐに使えるテンプレートとYouTubeの解説で明日から出来る！ＩＣＴを活用した算数授業づくりの入門書。

Ａ５判 144ページ／定価 1,980円（10%税込）
図書番号 2963

ＥｄＴｅｃｈで創る 未来の探究学習

山内 祐平・池尻 良平・澄川 靖信 著

探究学習におけるＥｄＴｅｃｈ活用には，様々なバリエーションがあります。探究学習を「問いづくり」「調査・実験・開発」「発表・議論」の3つのフェーズでとらえ，ＥｄＴｅｃｈの活用方法を具体的な事例をもとに紹介しました。明日の授業に活かせる必携の入門書です。

Ａ５判 176ページ／定価 2,200円（10%税込）
図書番号 2687

明治図書　携帯・スマートフォンからは **明治図書ＯＮＬＩＮＥへ**　書籍の検索、注文ができます。▶▶▶
http://www.meijitosho.co.jp　＊併記4桁の図書番号（英数字）で、HP、携帯での検索・注文が簡単に行えます。
〒114-0023 東京都北区滝野川7-46-1　ご注文窓口　TEL 03-5907-6668　FAX 050-3156-2790

100万人が受けたい！探究と対話を生む 中学社会 ウソ・ホント？授業シリーズ

河原 和之 著

子ども熱中！探究心に火をつけるオモシロ授業ネタ

社会科は暗記科目じゃない！100万人が受けたい！シリーズでおなじみ「社会科授業の達人」河原和之先生の最新中学社会授業ネタ集。「平安京遷都の謎を解く」「80億人の未来」など探究と対話を生む教材を豊富に収録。子ども熱中間違いなしです。

中学地理
A5判 152頁 定価1,936円(10%税込) 図書番号 2657
中学歴史
A5判 152頁 定価1,936円(10%税込) 図書番号 2658
中学公民
A5判 144頁 定価1,936円(10%税込) 図書番号 2659

社会科授業づくりは「単元で考える」

小倉 勝登 著

文部科学省教科調査官が直伝！社会科授業づくりはじめの一歩

文部科学省教科調査官小倉勝登先生による，社会科授業づくり「はじめの一歩」。「社会科の授業をどうつくっていけばよいか」「何を教えたらいいのか」「授業改善はどこから始めればよいのか」という声に応え，楽しく役立つ授業づくりのポイントを丁寧に解説しました。

A5判 152頁
定価2,046円(10%税込)
図書番号 3008

社会科「個別最適な学び」授業デザイン

宗實直樹 著

多様な学習形態で実現する！子どもが主語になる社会科授業づくり

社会科授業で「個別最適な学び」を実現する14のポイントを徹底解説。子どもの見取りから単元の授業デザイン，問いの吟味から学習の複線化，自己調整学習からICT活用，学習評価まで。社会科における「個別最適な学び」授業づくりのはじめの一歩となる手引書です。

理論編
A5判 192頁 定価2,486円(10%税込) 図書番号 3331
実践編
A5判 152頁 定価2,310円(10%税込) 図書番号 3332

地理的な見方・考え方を働かせた地理授業デザイン

吉水裕也 著

地理的な見方は「問い」次第！ワクワク地理授業デザイン

地理的な見方・考え方を働かせるには，地理的な問いを発見して，問題解決的な学習をすることが必要不可欠！具体的な「教材発掘エピソード」と身近なモノや題材をヒントに考えた「問い」を切り口に，子どもたちの考えを深める地理授業デザインについて解説した必携の書です。

四六判 176頁
定価1,936円(10%税込)
図書番号 3617

明治図書　携帯・スマートフォンからは **明治図書ONLINE へ** 書籍の検索，注文ができます。▶▶▶

http://www.meijitosho.co.jp ＊併記4桁の図書番号（英数字）でHP，携帯での検索・注文が簡単に行えます。

〒114-0023　東京都北区滝野川7-46-1　ご注文窓口　TEL 03-5907-6668　FAX 050-3156-2790

Shared Leadership
シェアド・リーダーシップで学級経営改革

赤坂真二・水流卓哉 著

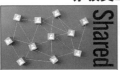

「シェアド・リーダーシップ」で誰もが活躍できる学級に!

「シェアド・リーダーシップ」は,それぞれの得意分野に応じて必要なときにリーダーシップを発揮する考え方です。能力に凸凹のある子ども達が,それぞれの強みを生かしてリーダーシップを発揮していける「全員がリーダーになり活躍できる」学級経営の秘訣が満載です。

A5判 216頁
定価2,486円(10%税込)
図書番号 4209

明日も行きたい教室づくり
クラス会議で育てる心理的安全性

赤坂真二 著

教室全体を,明日も行きたくなる「大きな安全基地」に!

いじめや不登校,学級の荒れなど教室に不安を抱える児童生徒は少なくありません。子どもが明日も行きたくなる教室づくりに必要なのは「心理的安全性」です。アドラー心理学の考え方に基づくアプローチとクラス会議を活用した「安全基地」としての教室づくりアイデア。

A5判 208頁
定価2,376円(10%税込)
図書番号 3292

人間関係形成能力を育てる 学級経営365日ガイドブック
1年 2年 3年 4年 5年 6年

赤坂真二・髙橋朋彦・宇野弘恵・深井正道・松下 崇・岡田順子・北森 恵 著

学級づくりの必読書

図書番号 3721～3726
A5判 168頁～208頁
定価2,376円～2,486円(10%税込)

☆人気著者が学年別に1年間365日の学級づくりのポイントを徹底解説!
☆人間関係形成能力をキーワードに,月ごとの学級づくりの具体的な取り組みを直伝!

人間関係形成能力を育て,学びやすく居心地のいいクラスづくりへ!子どもたちの「つながる力」を引き出すことで,学級は最高のチームになります。各学年別に,1年間365日の学級づくりについて,月ごとのポイントをまとめてわかりやすく解説した学級担任必携の書です。

明治図書 携帯・スマートフォンからは 明治図書ONLINE へ 書籍の検索,注文ができます。▶▶▶

http://www.meijitosho.co.jp *併記4桁の図書番号(英数字)でHP,携帯での検索・注文が簡単に行えます。

〒114-0023 東京都北区滝野川7-46-1 ご注文窓口 TEL 03-5907-6668 FAX 050-3156-2790

粕谷昌良の「考えたくなる」社会科授業

粕谷昌良 著

子どもが進んで考えたくなる社会科授業づくりの秘訣が満載!

「子どもが進んで考えたくなる」社会科授業づくりのポイントを,徹底解説。子どもの見取りから単元の授業デザイン,問いの吟味から学習の複線化,学習評価までを網羅。多様な価値観への理解と視野がひろがる,社会科授業づくりの「はじめの一歩」となる入門書です。

A5判 184頁
定価2,200円(10%税込)
図書番号 2635

中学校社会サポートBOOKS
見方・考え方を鍛える!学びを深める 中学社会授業ネタ50

梶谷真弘 編著

楽しみながらどんどん力がつく!中学社会おすすめ授業ネタ50選

授業に求められる本質は,「学びたくなる」「全員が参加できる」「力をつける」の3つです。単に面白いだけの授業ネタではなく,見方・考え方を鍛え,学びを深める授業ネタを!中学校3分野の単元別に,すぐ使える魅力的な授業ネタを50本収録した必携の1冊です。

中学地理
A5判 128頁 定価1,980円(10%税込) 図書番号 3597
中学歴史
A5判 128頁 定価1,980円(10%税込) 図書番号 3598
中学公民
A5判 128頁 定価1,980円(10%税込) 図書番号 3599

スペシャリスト直伝!社会科授業力アップ成功の極意

学びを深める必須スキル

佐藤正寿 著

社会科授業づくりの秘訣がぜんぶわかる!

好評のスペシャリスト直伝!シリーズ「社会科授業力アップ」編。学びを深める必須の授業スキルを,教材研究と多様な学びの生かし方もまじえて,授業場面を例にはじめの一歩から丁寧に解説。授業のスペシャリストが子どもが熱中する授業の極意を伝授する必携の1冊です。

A5判 136頁
定価1,760円(10%税込)
図書番号 2899

STEP UP
全学年対応 社会科授業アイデア

**石井英真・由井薗 健 監修／
子どもとつくる社会科授業研究会 著**

社会科がもっと好きになる!ワンステップ高める楽しい授業づくり

「社会科をもっと好きに」「もっと楽しい授業に」という願いを実現する!あと一歩ステップアップするための社会科授業アイデア集。学年別・単元別に,子どもをひきつける教材づくりや熱中する学習方法,ワンステップ高めるポイントと具体的な授業プランをまとめました。

A5判 208頁
定価2,376円(10%税込)
図書番号 3788

明治図書　携帯・スマートフォンからは **明治図書ONLINE へ**　書籍の検索,注文ができます。▶▶▶

http://www.meijitosho.co.jp　*併記4桁の図書番号(英数字)でHP、携帯での検索・注文が簡単に行えます。

〒114-0023　東京都北区滝野川7-46-1　ご注文窓口　TEL 03-5907-6668　FAX 050-3156-2790